Ower Laund, Ower Sea

Ower Laund, Ower Sea
Poems fur Bield-Seekers

edited by Kathleen Bell et al.
introduced by Sir Martyn Poliakoff

translated by Donald Adamson

Civic ♥ Leicester

First published in Great Britain in 2025 by
CivicLeicester
y. https://www.youtube.com/user/CivicLeicester
f. https://www.facebook.com/CivicLeicester
CivicLeicester@gmail.com

ISBN-13: 978-1-0682210-0-2

Gie me yir forfochoen yins, yir puir,
Yir cooried croods greenin tae breathe free,
The wretched frae yir teemin strand, skailt-oot
Send thaim, the hameless vext by storms tae me
A heize ma lamp aside the gowden yett!

Emma Lazarus, 1883

... aathing that can be duin will be duin tae mak siccar
that oor mairches are sauf an mak siccar that British fowk
can gan aff oan thir holidays.

David Cameron, 2015

CONTENTS

xi

INTRODUCTION

"The days wis cheerfu maugre the soond o shells burstin an machine gun fire but the nichts wis frichtsome. We slept in the dinin chaumer. The front door bell uised tae ring mair nor yince durin the nicht an we wad be accused by yin side or the ither o shawin a licht, which we wernae daein, an threitened wi dire upshots gin we continued. Frae time tae time fowk wad rush in, havin picked up blethers. Maistly thir news wis that the Bolsheviks wis aboot tae arrive an we wir aa tae hae oor thrapples cut. The anely person oan wham this seemed tae mak ony impression wis ma grandmither whae wad get oot o bed repeatin, 'Whit will be, will be.'"

Thay wuirds wis screvit by ma faither, Alexander Poliakoff, describin hou he minded the stert o the Russian Revolution in Moscow whan he wis juist seeven year old. Twa-three year later, the faimily wis refugees. Happily thay wis acceptit by Britain an shapit new leeves here. Thir bairns an grandbairns hae growen up an thriven here in the UK.

In ma ain case, maist o ma adult life hus been spent leevin in Beeston an bein pairt o the community. Sae it is haurd tae ignore the plicht o faimilies that are gaun thru traumas the day sib tae thaim tholed by ma faither an granparents nearly a hunner year syne.

This beuk is a fell impressive collect o poetry an prose pit thegither by a boorach o East Midlaunners whae care passionately aboot the leeves o ithers an whae are determined tae help thaim less chancy than thaimsels. Aabody that hus contributit hus duin it free o chairge an aa o the proceeds frae the sales are intendit tae help bield-seekers.

It is a michty demonstration o the speerit that exists in oor region. Foreby, it kythes that peety is still alive in the UK an that we are willin tae walcome new faimilies intae oor kintrae sae that thay too can contribute tae oor communities as suin as thay hae owercome thir dreidfu experiences. Until then, we need tae help thaim.

Sir Martyn Poliakoff CBE FRS,
Beeston, Notts, November 2015

Ambrose Musiyiwa
The Man that Traikit Thru the Tunnel

Whan A hird
hou he hud ran
athort continents
ower watters
thru wuids an thru deserts
an traikit thru tunnels
whit wey
cuid A no
be upliftit?

Chrissie Gittins
Mairches
fur Teddy Buri, NLD

The Elsinore straeberries wis suspendit in seerup
sib tae balloons in a reid lift. Sclaffs
o Seville oranges that hud been steepit

in Jameson Whisky wis liggin crossweys
in a jeely-like amber.
Wappit tentily fur the flicht

thay couried in ma rucksack, bield-seekers
frae ma ower hivie suitcase.
But thay wisnae allooed –

thay micht be explosifs,
thay hud ower muckle bree in thaim.
A fleeched an prayed – praisents fur ma host,

hame-made. *Yon's waur*, thay said.
Wuid ye like thaim? A speired o the lassie
that wis ettlin tae be kind.

No allooed.
A'd like tae think, at the en o the day,
whan naebody wis leukin

she raxit intae the bin o cast-oot gear
and sauvit ma jaurs. An efter aa
A hudnae tint ma claithes

or ma bairnhuid in photies, A hudnae
tint ma kintrae
Yit it stickit me tae the bane.

2

As the plane rase up frae ma kintrae
A thocht o ye fleein tae the mairch
wi yir life an hou whan ye waukent

in the jungle ye didnae ken
ye wir neir the camp
until ye hird the dugs, bowfin.

Kerry Featherstone
Whit We Ken

This is whit A ken:
we traiked athort Gor tae Fara an
thru Turkmenistan aroon the Black Sea, the Caspian,
intae a waa that wis merkit 'Europe'
We swickit the mairches o Hungary. A ken
friens in the camp that smuirt in lorries,
traivelin a thoosand mile, intae Italy wi'oot
a wuird. A ken that this camp
is oan flatlaund abuin the sea:
fu o seamaws an tourists that kin chuise no tae see
the muckle airn provoktion
o a mirk cundie wi trains gaun thru it.
A ken hou sic a thing caas ye tae't.

This is whit ye dinnae ken:
the saft glens o the Ghor. Heich bens aroon
ma hametoon o Chaghcharan.
Cairpet-weivers that cannae read a wuird but suirly
gar the threid tae sing. A wumman
takin the place o a man; drivin a caur.
Ye dinnae ken oor wireless. The Vyce o Peace.
Here's ma son, Aymal, that hus tae keep wi'in him
bluidy saicrets. An ma wife. Ye dinnae ken
hou a chiel ootside the camp at Sangatte
sent ma phone fleein tae the flair as it rung – ma wife.
Ye dinnae ken thay fowk.

4

Penny Jones
Whit's in a nem?

Reem is forfochen, his legs are flauchterin like a cauf's.
Elia prays tae God. He speirs, 'Whit fur?'
Firas unnerstauns. He hus tae be brave.
Uri greets in the mirk, prayin fur the licht.
Ghaith's tears faa in time wi the dreepin o the rain.
Ephrem hauns an aiple tae his sister, his stomack gurls.
Elham smiles, taks a bite an hauns it back.

Anne de Gruchy
Channel Crossin

Abuin the decks the blue lift is lood wi seamaws
as cirrus clood is haled ahint.
Weans aginst the railins
are pu'd back by thir parents.
'Can we gan an get chips Mum?'
The ferry is hotchin,
stuffed fu wi its cairgo o fruit machines, TV loonges
an cheap French wine.

Ablo decks it's quate wi the guff o petrol,
Stephan shifts whaur he's liggin
an feels the push o Jolanta's fuit aginst his hurkle.

Last rin the day, thinks the capten,
hame suin, wunnerin whit's fur tea
and gin he'll be back in time fur the match.
His team cuid dae wi a result. Aither yon
or a meeracle.
Thay shuid niver hae sauld thir striker tae United.

The lorry is swelterin, shut ticht aginst nebby een.
The letterin oan the side hus the nem o a supermerket cheen.
The swee o the sea
shifts bouks aginst ilkither in the ticht space.
A prayer comes tae Stephan,
a meditation.
He mooths it tae himsel, disnae speak
        tentie o the pickle air that's left. He thinks
o the dress he'll cowf fur Jolanta
an the bairns thay'll hae.

'A feel sick maw.'

'Gan tae the toilet then. A tellt ye no tae hae thay chips!'
The ferry is hotchin, the lift
is blue abuin. Doon in the hauld
ther's nae air. Aa petrol, the caurs bumper tae bumper.

Efterwards
whan Stephen comes tae me at the bield-centre
the anely thing he can mind aboot the boat is
the maument that Jolanta's fuit
quit muivin aginst his hurkle.

Joanne Limburg
Backscaiter Sang

Scannin nou. Wait a wee …
Thir's suimthin o animal maiter
howdert in this fraucht
A see bluid, A see panic.

Somethin o animal maiter,
white, bricht, clear
A see bluid, A see panic
claucht in ma licht.

Kythin bricht, white, clear
as skire as contraband
claucht in ma licht:
aliens. Cannae laund.

Skire as contraband,
A see wanhowp.
Aliens cannae laund
wi'oot the proper documints.

A see wanhowp.
hidden in this fraucht
wi'oot the proper documints.
Scannin noo. Wait a wee…

The wuird *backscaiter* refers tae a kinna x-ray sytem that can be uised tae get bricht an detailed picturs o materials (explosifs, guns, drogs – an humans) that micht itherwise gan undetectit.

8

Martin Johns
Consignment

Somehou the guff o him
hudnae raxed tae the neb o the en-o-shift sniffer dugs,
the easy-oasy waffin o the stick tae deteck a hertbeat –

Stuck like a rock sclimmer's left-ahin cam
atween the steel containirs.
Whan did his fuitprints

last time leave a merk in the saund? He's cauld
as a desert nicht, but nou he feels the wairmth
o a saft vyce.

He hears naethin but the saftness, tastes
breid wi food that's no bann't tae his feth.
As his liberator – as wis – vizzies

himsel,vizzies aa men an weemen
in the swart keekin-gless o thay wide een,
afore thay come tae tak him awaa.

Aoife Mannix
Blem

Ther's aa that talk
a swairms in the cundies, o hordes
on the boats, o croods
stormin the mairches,
black-gollachs here tae tak oor siller.
An then thir's yon photae
o yin wee laddie threwen up ontae the strand,
his feet pyntin taeward the laund,
an his face liggin doonward in the sea,
his smaa bouk that cuid be ma son or yours
that says we shuid think shame o oorsels.

Mahendra Solanki
An Easedom

The deid dinnae retour tae us,
thir herbour is in hollaes,
ludgin in left-ahin spaces, atween
whit's said an whit wisnae duin.

We can dae naethin but greet akwartly,
kennin oor end's no faur frae the bord
o a strand that's ilka day neirer
an a lang-drawn-oot auncient remembraunce.

Oor nochtie easedom –
an owerset 'hello' an 'guidbye'.

Sally Jack
We Walk Thegither

Oor faimily's waitin fur news.
We ken o daungers
but dinnae hae wappens.

We hae legs an
we staund up.
We sall walk thegither

It's swelterin
but thay share watter an plooms frae thir gairden.
Tarek's fause leg pynes hin but Tomas offers a ride
        oan his bike.

Amira's feet are bluidy, Sayid gies hir his trainers.
The weans lauch as he daunces a *dabka* in his wife's
        silk slippers.
We aa smile.

We traik whaur thay traik,
sleep whan thay sleep.
A smuir faas oan oor blanket like beads.

Unner the same sun,
same muin
oor faimily waits fur news.

Peter Wyton
Callum's Day

It's Callum's Day. Alang the avenue
ther's a walk in his honour.
Raw oan raw o mitherly weemen,
ilkane wi a corban o new-pickit flooers.
Schuil-weans clutchin Callum's teddy beirs.
Senior polis officers wi medals.
Heid yins o the toon in cheens o office,
Meenisters an elders,
media. Mediciners an nuirices.
Fowk frae the carin organisations.
Ilkane hus turned oot fur Callum's Day
excep – the peetie o't – his ain fowk
that the cooncil cuidnae fin
nae maitter hou haurd thay tried.
An Callum himsel, as suits weel
on Callum's Day, is in his richtfu spot
at the front o the hail jing-bang,
cairied by ae unnertaker.
Callum, that brocht naethin intae this warld,
taks naethin frae it, in the wey o tradeetion,
excep fur 'Callum', a ticket steekit tae him
fur uise oan the occasion o Callum's Day.
Callum the bield-seeker whae
like monie sic a yin afore him an monie efterwards
wis able tae win thru tae the mairch
anely tae be turnt roon an sent strecht back.

In 2002 a forhouied newborn wean wis fun oan the site bein set up fur the
Comonwealth Gemms. He wis namit Callum an passed awaa no lang efter he wis
fund.

Gregory Woods
Life History

1.
He fins his sister's gluve
amang the buitpreents
in a snawdrift neir the wuid.

2.
He taks it wi him whan he traiks
ower the bens,
beggin breid frae ootlanders.

3.
Wi a new nem, a new sel
that he niver quite gets uised tae
he gets tae ken fowk.

4.
He navigates leids like laundscaps;
in ilkane a job
or a lassie, or a quaisten.

5.
Whan he crosses the mar
he watches the willie-gous
fechtin fur the trace he leaves ahin.

6.
The wumman that becomes
his wife an beirs him sons
(nae dochter) brings him guid fortune.

7.
The haunds he labours wi
tae keep himsel busy
pree a kinna tenderness.

8.
He hus nae interest
in politick but sport
taks up his hours o nae-wark

9.
He goams a vizzie
in the keekin gless, nae mair
is he his sister's wee brither.

10.
He sings his grandochter
a fremmit sang but quits
whan she sterts tae greet.

11.
Awaukent by explosions
whan the century feenishes
he taks a pill tae get tae sleep.

12.
Wi naethin left o whit
he yaince imagained made up aathing,
he wants fur naethin.

Lydia Towsey
Come Ben the Hoose
Fur the immigraunts an bield-seekers arrivin in Europe

We apologeese fur oor neibours, thaim as dinnae
ken the wey tae kythe a walcome;
thay hae read in the beuk o yetts
but cannae mind o hou the yetts appen.

We apologeese fur the laundlaird, he's aye been
a problem, an the agents in his bureau that
(nae surprise) dinnae dae onythin –

tae be mair clear:
thay dae naethin, a nae-thing
that's no duin oan oor behauf.

A'm sorry fur the condeetion ye fin us in here,
(an it's no like we didnae ken ye'd be comin)
an fur the pynes we ken ye've dree'd

please tak it easy, tak aff yir shuin,
tak this blanket
it's the least we can dae.

A'm sorry fur oor mainers,
whan we veesitid ye the last time -
sic a slitter we left ahin us,
which is why ye hud tae caa oan us the day.

Laura Taylor
Fur Aylan

A juist wantit ye tae ken
yir bonny banes hinnae been wastit
that yir totty wee bouk in a photie oan a strand
gart the warld sit up an tak tent o yir existence

an A ken it's faur ower late
an ye'll niver be a faither or a luver or a man
but yir washin in wi the tide hus helpit the faimilies
that follae efter ye

an this will niver gie easedom tae yir mither
but A wantit ye tae ken
that yir totttie we bouk in a pictur oan a strand
forced the pooers o the warld tae rally roon

and babies shuidnae dee in plastic boaties in the nicht
while thir parents are rinnin
frae the slaister that we brocht aboot
an the fowk cowfin airms tae Middle East heid-bangers
shuidnae be leadin kintraes
tellin lees, makin wars

an A juist wantit ye tae ken
yir bonie banes hinnae been wastit
that yir tottie we bouk in a pictur oan a strand
gart the warld sit up an goam that ye wis there
tak tent
an sleep ticht
wee yin.

Ken Evans
Ceetizens

Gin ye smirk whan ye're stappit an maun empie yir pooches
Fur the polis that stappit ye yestreen
     Ye're yin o us.

Gin yir sister daunces wi whaiver she wants
Whaniver she wants an ye dinnae sit late
In the kitchen waitin
     Ye're yin o us.

Gin some o yir best friens are white
But ye wullnae bring thaim back tae the fowks,
Gin ye ken the metres o claith it taks
Tae wap a sari, the nummer o suras in the Qu'ran
     Ye're yin o us.

Gin ye're suir we'll score the winnin goal
In a penalty shoot-oot semi-final,
Gin ye can recit three Shakspeare sonnets,
Twae soliloquies an the endin
Tae Cymbeline
     Ye're yin o us.

Gin whan ye hear a bodie
Oan the bus say, 'A'm no a racist but ...'
Ye turn roon an winnae accaipt the caveat,
     Ye're yin o us.

Alan Mitchell
Aaricht, Jimmy?

Naw, Jimmy.
A'm no aa richt.
No aa richt avaa.
Whan did it become the British thing
tae cauldly turn oor backs
on fowk that are fu o wanhowp?
Whan did it become the British thing
tae talk aboot an treat fowk
like thay wis the pestilence o the airth?
Whan did it become
the British thing
tae juist shrug oor shouders
an tak nae tent o the dule
o oor fellae humans?
Whan did it become the British thing
tae be sae fu o hate?
Naw Jimmy.
A'm no aa richt.
No aa richt avaa.

Mariya Pervez
The Whiteness

The first lab moose tae be blastit aff tae the muin
Dee'd in the rocket, a wee pooch size o a moose –
Martyr tae the cause o science.

The neist twae
Survived.

But Och an Ochone! Thay wis niver picked up.
Whit the muin thocht o thaim naebody can jalouse.
Wis she cauld tae hir wee-fuited veesitors in thir furs?
Wis she even leevable in?

A'd like tae think thay made a life there.
Multipleed an grew strang an in the coorse o evolution
Survived – nae watter, nae air, somehou
In yon fremmit (but wi space eneuch) territory.

Meantime thir faimilies back at the lab
Think upon the tint yins an howp an pray.
That whauriver thay gaed tuik peetie oan thaim.
An tak peetie oan us. Amen, Amen.

Meantime, in his labcowt some nichts he'll stare
At the muin an unner hir haar-saft glare
Will peer an think he seen the surface muive.
He sweirs he seen the surface muive.
An it muives an it muives an it muives.

Merrill Clarke
Birthdays, May 2015

We wis celebratin birthdays.
Oot tae lunch wi oor son.
His birthday wis comin up.
In ither kintraes babies wis bein born.

St Mary's hospital – an easy birth
but it wis in aa the papers.
Guns wis lat aff in Hyde Pairk.

Anither birth is tint in the statistics
o a boatie sinkin
atween Libya an Italy
as the mither is takin up frae the sea
an guns bleeze in Syria an Eritrea.

In oor restaurant
hou shuid we react whan we hear an alairm
but see nae daunger?
Meantime
yin baby gans hame.
The ither is yin o 600 sauvit,
hameless, leukin fur a hame,
murnin thaim whase jurney endit in the faem.

We forgaither
ootside the restaurant
an syne retour tae feenish oor lunch.
An whit is mair
we dinnae pey the bill.

Ziba Karbassi
Diwan Unner Snaw
oreeginal owersettin by the makar wi Stephen Watts

This nicht A'm the Kurdest Farzad
frae ma birth's gien & takkin tae ma haunds' no-heized haund
frae the liftin o twae fingers, the pinkie & the first o the neive,
atween aa the angels o five & feefty & feefty thoosand &
        feefty million
the Kurdest fowerteenth nicht fu muin

the hert is chitterin
dried lips is chittern
leid o the bullet's kist is chitterin
the nae-colour in yir face is chitterin
ye hae naither mither nor sister
nor a hame tae be bailed frae / oot intae
no a frien tae kick awaa yir gallows stuil
no a trigger in yir pooch's rippt-oot linin,
no even a shrood tae be yirdid in, no a bluid hame,
nae wey, ye dinnae hae even an even,
dinnae even awn yir ain sheddae,
naw, ye dinnae, naw ye dinnae, ye dinnae
        hae

twae-windaed een fu o worries
wairmth o wee fires & chaundeliers ahin aa
        the windaes, ken
that ye're worrit aboot the balcony,
the diwan that gaed sleepin aneath the snaws an
        gaed gyte
the table that sat doon unner the snaw sae's no tae seem bare

the wumman that white-kemped hir hair unner the snaw's poetry
poored oot sae pure that the snaw tint its white

22

the laneliness o black-crackit nail-horns
appen wounds unner rippt-appen sarks
the anely witness tae the hirplin revolver-fechts
that rin aroon efter an imam's cuddie
& en up unner some bung-cairt o green groceries

Daith wad droon in its ain blate sweits
this daith gin it hud feet wad flee awaa
gin it wis human & hud a heid wad bang its heid oan a tree
or like a furrin-poet wad, frae its fore-airm, fashion a balalaika
an strum it nakit unner the snaw
balalaika balalaika bailalaila lailai
        lailalai la   lai lie sleep noo
        ma bairnie.

John Mingay
in a windin sheet o meanins

gin ye keep oan speakin
as tho A hud a chyce
whan A'm rinnin
frae whit ye creatit
then naethin can titch ye
in yir inaction
ther's nane can bring ye
tae accaipt yir bluidy haunds
in this shamefu reality

gin ye keep oan abandonin me
oan thae dern strands,
airms flung sideweys face doon
heid pyntit taeward hame –
then anely ye can greet
yir crocodil tears
fur yir voters' sake,
ower late, faur ower late
noo the herm is duin

gin ye keep oan shuntin me
aroon thay hertless sidins
tae leave me gaun naewhaur
frustratit an fearfu
then ye will yin day
fin yirsel waa'd in
by the sel-same hypocrisies
that strip ye o whitiver honesty
ye hud an turn yir nem tae glaur

Tania Hershman
Relativity

Ye think ther's a gap atween us.
Ye think we're aa separat   sindry
Ye think Newton hud it richt   that we bairge
     intae an come apairt   bairge
     intae an come apairt   But
this is Einstein's warld A hunner
year syne   he shawed hou
we aa are thirled   A shoogle space
     an you
     are shiftit
Ye think gin ye're heich eneuch
     ye're sauf   Ye think
whan A faa   yir orbit
     isnae chynged   Ye think
this poem is nocht
     but physics
              Think again

Mahendra Solanki
frae **The Riverside Commission**

i.
the A-shapit frame is streetcht ticht aginst
a weel-kent lift

time tae tak a step, mak a stert

ii.
a canal, a burn
an a weel-gairdit saicret
at the en o a left-ahin green thrugang

iii.
a man rins oan this paith
atween gress an watter
sib tae a fivert racin cuddy
blinkert aginst onie distraction

iv.
gaun this wey, thon wey
a muckle sea-saw sweein

a gien an a takin:
the frush an jaup o whit's gane

v.
we that hae left oor launds ahin,
we that hae crosst the mirk mar
we that green fur oor appen meidaes an rinnin watter

we ettle efter easedom in this pu o green
we ettle efter rest in this flowein crib

Lily Silverman
Blue Faulder

"Whit's yir fauvourite colour?" A says.
"Blue," ye says.
We'll git ye a blue faulder then ... a blue faulder tae pit aa this in.
He hud been traikin roon wi his paperwark in a plastic bag.
A plastic bag the photographers gied him whan thay teuk his photae
        fur the UKBA.

A plastic bag fur the letters frae his coonsellor,
His doctor, his casewirker, his social wirker, Foondation fur
        the Victims o Torture.
It's no nice tae gan roon wi papers like this in a plastic bag, A says.
We'll git ye a faulder, a blue faulder, mak it aa better.

Ye didnnae talk a lot oan the wey there, A sat quate wi ye;
        in yir seelence.
Yir seelent place that's hauntit wi yir skrechin as thay wis torturin ye.
Wi the skrechin ye can hear o ithers, as thay wis bein torturt.
Wi yir mither greetin, wi the lenth ye ran wi thaim shootin bullets
        efter ye.
Wi the pyne o wantin yir mither, an yir brither, an yir faimily.
In yon seelent place A sat wi ye, tho A'm no privy tae the skrechin
A seelent place fu o lood pyne.

A can see yir unshaven face.
A can see whaur the hood hides ye sae naebody can see ye.
A can see ye hide ahin a tree, or leuk nervishly awaa whan ye think
        somebodie micht hear ye.
A can hear the tremmlin in yir vyce, an hou whiles ye speak in a tone
        that hairdly oniebody can cleek.
A can hear aa that, but A cannae hear the skrech inby yir heid.

The letter frae the GP wis guid we said, guid.
15 cigarette burns oan yir richt airm seiven oan yir left.
Merks oan yir upper an lower body consistent wi electrocution;
Wi bein hit wi airn bars, an hivy metal objects. A page ... line
         efter line.
Descriptions o the merks consistent wi torture.
It wis a guid letter, aye.
We will git ye a faulder tae pit it in, wi aa the ithers, mak it aa better.

We pit him oan the train, the sun minds ye o hame.
Hame ... a place ye miss, hame... a place yir faimily are in.
Hame ... the place ye gaed tae university.
Hame ... the place ye are sae hameseek fur noo.
"Is thir onythin ye want tae tell us?" said the leddy at the bield
         screenin collogue.
"A dinnae want tae gan hame," ye said.

We sat in the sun an we played backgammon, yon didnae mak
         it better.
A brocht ye a croissant an fizzy aiple bree, yon didnae mak it better.
A speirt whit films ye liked an ye tellt me, an then ye tellt me hou
         thay tuik yir computer.
A wantit tae say we can mak it better ...

A blue faulder, that's it, a blue faulder, we'll pit aa this in a
         blue faulder.
Yir fauvourite colour, yon will mak it aa better.

Chrys Salt
The Rebellion o Poetry

Poems are oan the mairch.
Thay sing
frae the grummle o Grun-Zero,
frae the smasherie o Damascus an Sarajevo,
frae the bomb-bields in Amiriyah,
frae the pizent bouks in Halabja,
frae the mooths o men-fowk murthert
in Srebrenica.

Poems heize thaimsels frae thir shroods,
frae the glaur an trenches
o slauchert natur.
Thir waipons shoot naethin but white poppies,
Thir ensenyies are sib tae the wattergow.
Thir haunds fauld paper crans
aneath olive trees.
Frae the banes o manglt generations
thay growe the bluims o resurrection.

Tak tent
aa ye teerants, murtherers,
foondamentalists, dememberers,
violators, occupeers,
racists, herriers,
dictators, crucifeers,
fanatics, torturers, leears,
thrawers o truth, maneepulators,
war-mungers,

seelencers.

Tak tent!

Poems aa ower the warld
are declarin
ENEUCH.

James Bell
the fash wi wuirds

a swairm o bees isnae apt
aiblains a clood that bums
acause it hus yon floatin feel
this in respeck o bees an aa
fur thir intention isnae tae herm
yin o thay misunnerstaundins
whan the wrang end o a stick
is liftit up an turns intae a kibblin
that swith turns intae razor weir
sin barbed weir isnae guid eneuch nooadays
tho cloods still traivel abuin us
mak een drift taewards thaim
wi heids ower fasht fur wuirds
that wad rise up intae the lift gin thay cuid

Roy Marshall
Relative

It's cauld oan the bike, an A've forgot ma gluves.
At ma wark, the team arenae daein whit A ask.
But an ee-scauderin glister

is glencin aff the Mediterranean
whaur cotton-cled backs are presst
aginst cotton-cled breists.

Niver a sodger in sicht,
naethin but the horizon.

Barbara Saunders
A Memorable Jurney
Efter "The Horse Fair" by George MacKay Brown

The day ye're gaun tae scrieve aboot an upsteerin or memorable jurney. Mind an check yir wark fur spellin, punctuation an grammar.

A gaed tae the strand,
we left oor dug fur the day wi ma aunt
A sat in a boat aside ma mum, dad an wee brither
Dad gied siller tae a man
the boat wis crooded
mums dads babies an granparents
we watcht the wawes

we hird yowlin an greetin
nicht wis cauld an blowsterie
the guff o diesel an fish
blew aa ower the ship

the man wuir a basebaa cap
he rin aff wi aa the crew
he struck a hemmer in ma hert
the rescue! – the hail boat
tippit ower at the rescue –

A wis haudin oan by ma nails
men sclimbed oot o the sea
somebody yollert at me
are ye deid or alive

the muin wis gane
an ma brither wis gane
A wis deid but thay
haled me oot o the sea
noo A am in this kintrae

Fantastic effort! Thank ye, thank ye fur sharin

James Bell
juist afore dawin

the seelence   is wechty wi
a luver's braith   juist afore dawin

a time o bein yirsel   freedom
parfum o virgin cley   wild tanglewuid

oan the horizon   nakit blastit trees
suggest somethin   naethin

Helen Buckingham
Haiku

supermuin
oor warld wide will
tae blem

Jan Harris
Scoorins Oot
(the Mediterranean passage)
efter Seamus Heaney

Ma luifs mak a boat whaur a poem swees:
Dan Taggart, that droons kittlins –
it's better fur thaim, he says
tae the frichtent ladddie that's allooed tae watch.

Ma airms ake wi thir wecht
an the wecht o bield-seekers
tint in Mare Nostrum, Oor Sea,
while A watch the evenin news.

Wawes laip in the hull o ma haunds,
wuirds wash frae the page an come up again.
The frichtent laddie, drooned by life,
noo shrugs at daith, the poem says.

Aiblains thay nemless chiels that fill up
thir leaky boats wi fear shrug an aa,
een ticht shut in the hale
an hell an heave o life.

A hear the scart o kittlins' claws
an howk yin oot, a glossy Tom,
quick as a poet's wuirds, a ship's baudrons,
sleek, wi kennin een. Alive.

Laila Sumpton
Laundin oan Lampedusa

Howkin, aye howkin
she hales the wecht o hir story
ontae the strand.
She is a helmet pu'd alang by flippers,
scaured by shairks an rithers.

She disnae hae a tag,
the shairks hae made suir o that –
so she arrives oan a cloody nicht
in atween ceevil wars;
whan the laundin area is quater,
whan no that monie fowk come oot tae goam.

She heaves awaa the cargae
she will niver see leevin
but she kens thay are whiter
than the muin thay hinnae seen.
Hir cargae hus been squirmin
sin the sea quit rockin thaim
an this is the naurest thay will iver be.

Fur gin thay iver meet
efter shells hae haurdened,
oot oan the wawes
as thay kemp fur a braken crab;
she will niver ken
she is stervin hir ain flesh
— juist by ettlin tae leeve,
an yon's aa hir blank een
in thir leathir hood can focus oan.

She leuks past the fankelt tracks
o airmy, polis an the mairch patrol,
juist howks an hales hirsel past
the heidlichts that are scannin
this cast up slitter o tangle.

Nane o this maiters tae hir,
tae hir wecht
whan the muin is pushin hir oan.
She juist howks, an hales hirsel past
the washt-up bikinis, Peroni bottles
an the single sannles
that hud sprauchlt thru deserts tae get here.

Danielle Hope
Exodus

The hail o Ramsgate kens thir nems: the Medwey Queen,
the Prudential, Bluebird, Sundoon, little Tamzine –
hir nochtie fifteen feet snatchin a victory frae Dunkirk.
The lichts o Goodwin Saunds merk thir passage –

thay paiddle steamers, sloops an wee ships that joukit
mines an tides, bombs an guns, again an again
cairied the snared-oan decks that afore the war servit
ham an eggs, while thir wuiden wheels span.

Sail 2,000 mile, 75 year. Crossin frae Tripoli tae
Lampedusa, fower rubber dinghies sink. Pairched traivelers
expleen that siller, no droonin, is the kinch. Echt fuit wawes.

Condeetions like oan slave ship Zong. Brickle vessels wi inveesible
nems ghaist the deep. Ayont the Herbour Brasserie
a flag flauchters oan the Kent front. Tuim shuin cairpet the sea

Louisa Humphreys
In a smaa boat

In a smaa boat
Oan a muckle sea
Leukin oot tae the horizon...
Boat is takin in watter
– fowk speak sindry leids
This is nae Ark.
Ower days we rin oot o watter,
Say a prayer tae oor makar
An leuk tae the futur.
At last we goam laund,
Lowp aff the boat an soum tae saufty.
Leuk oot again tae the horizon
An send a prayer
Athort the ocean
Tae oor fellae traivelers,
Wishin thaim sauf jurney.

Mark Goodwin
Faibric Shiver Twine

Faibric: a wuiven
tishie o feebres

Wuiven

intae raidside trees
a paitren o witnesses

steekit roon hunners
o toons' cuffs

howp's brickle braids

mairches' faibrics
flaff

Shiver: a flake or
splinter o stane

Claithes

swee as wind
fills fabric

Claithes

shiver as watter
lowns sleeves

claithes

rip as deid
thorns pertend

tae be

fowk's haunds

Twine: encircle, courie,
coil or wind roon
or aboot

Aheid

a road's twine
a cauld claith o knowes

ahin

a war's burnin faibric
a sea's stingin plaidie

aheid

antrin lift o silken lisks

Hubert Moore
Traikers

We aa ken whae thay are,
the men oan the lang haird shouder
atween Junctions 5 an 6,
atween entry
an aamaist suir removal.
Hame is whauriver ye walk
an thay lamp alang
the wester carriagewey
lattin the swee o thir walkin
tak thaim.
Drivers, passengers,
nae naurer nor a fuit or twae frae thaim,
gaup aheid an haud thir een
oan thir lanes.
Ther's nae stappin oan thir motorwey.
Wait until the owerheid sees thaim
an annoonces its couthie truisms:
TRAIKERS OAN THE RAID,
TREES IN THE WUID,
BIRDS IN THE LIFT.

Danielle Hope
Snawfaa

This evenin at aroon five o'clock
snaw blizzards intae the daurk
frae a lift that wis orange aa day.
Sheet lichtnin flashes as it faas faster

blets the size o billiard baas shaw white
ower caurs, slidderie walkweys, huncht
feegures, umbrellaes, bare trees an buses
that mane taewards steamy bields.

Sic snaw-paiterned gairdens caa tae mind
ither winters, snawbaain in the pairk
broukit sculptit men wi ingin nebs
an dwaffle hats; cauld hooses, caulder ootby.

But whitwey wuid it hae been ma luve
gin we hud jurneyed in crueller snaw
hirded intae trucks or tae labour
ayont the mairches, wersh

breid gealt in the haund, sterved
tae the bricklest nakit twig.
A licht a caunle oan ma table, pictur yir haunds—
hou chancy A am tae ken thir contours,

tae goam thaim as thay shoogle pans oan yir stove.
An, unner wuiden cabers, as ye sclice
tatties an breid, a saft gas flam
wairms the laundscaps o oor skin.

44

Richard Devereux
Promises

The sales chiel didnae bring a glazie brochur tae the meetin.
As the sun went doon athort Somalia, he pentit a pictur
How bonnie an easy life wis gaun tae be in Englaund,
Yir ain bit in Bristol, Bolton or Milton Keynes,
Catchin a big red bus tae wark, chewin khat in the café
Whaur aa year lang the sun will be
Filterin thru the leaves o the braid aik tree.
The fare quotit includes aa taxes, bountiths an bribes,
Herbour transfers, a shared caibin an a swith pantechnicon tae Calais.
"Nae luggage alooance." "Nae luggage alooed." He spak swith.
Terms an Conditions applee: 75% cash doon,
The rest taen oan loan, relatives will dae the guaranteein.
3 Month 0% credit, then the Invariable Rate applees.
Easily settlt frae wages sent hame by weir.
Aff Lampedusa the boat gaed doon. Aa wis drooned.
The Invariable Rate noo applees.
Necessar meisurs are bein taen tae recover.

George Symonds
Asteroid Intimation

Thay're comin ower here an takin oor space
say the sterns, the planets
the muins an supernovas.
It's no the white droichs' burden
lament the piercin geants whae,
alicht fur centurion licht years, hae kent
the mirk that we, oan buird this peelie-wallie blue blot,
hae hud tae offer the universe.
Mars is fu. Space is fu. Quit leerin at oor black holes,
get back tae whaur ye cam fae –
back tae yir waas, yir wars, yir monetised theory o existence.
Dinnae come ower here, but explore yirsels first.
Or els,
Ye're liable fur extinction.
Non-compleeance will result in Notice o Asteroid.
Celestial disregairds,
Heivens Ofice
'fur a sauf, juist an tolerant space'

Sheenagh Pugh
Speirin the Wey

*Be na forgetfu tae entertain incomers: fur thereby some hae
entertained angels wi'oot kennin.* Hebrews 13.2

Whaur is the kingly pailace,
guid man, please tae say?
We come tae see the wee king
that wis born the day.

"Ther is nae kingly pailace, sirs:
ther is nae king.
We are a puir clachan
an dream o nae sic thing."

Whaur are the rich men's hooses
in thir tendit gruns?
We come tae see the wee laird :
ther will he be fun.

"Ther are nae rich men's hooses,
sirs, in aa this toon .
In some puir man's ludgin
yir laird, he maun lig doon."

Whaur then shuid God's son be fun,
in whit hoose or haa?
"Sirs, here is nae place fittin
fur God's son avaa,

but gin ye stap ahin me
intae the stable, sirs,
ye may see Mary ma wife
wi His son an hers."

47

Rory Waterman
Ave Maria

So A pushed, like an gleg pilgrim, up tae the shrine,
up switchbacks o calcareous stane, alternately bakit
an shadit by the olives an carobs, yon rock.
Then causey stanes spreid neir the summit – a rust-broddit well
hudderin in a neuk – an whaur thay flattened oot
it waitit wi its daurk yett, flat white waas,
a bowe o broon-tiled ruif , a crackt rose windae.
Bells clankit brichtly doon in the sheddaed toon
whaur caurs pressed back an furth oan the bord o seelence.
A butterflee bunced across. A plane duntit a ben
but slid oot the ither side like a threided needle.
Forcin the haunle made the shrine's yett skrech

an the bus-stap-size chaumer seemed ower daurk. But there thay wir
reidy tae gie thir blessins fur ma offerins:
thir ill-fittit croons wis dull an rideeculous,
shooglin aa the time left an richt;
the slit-gappit fingers o the infant raxin
like a wannert conductor, shapit wi aa the care
that grumly duty wi little ingine cuid gie
seeven hunner quate year syne;
thir een sonsie, lips quairter-smilin – even the wean
kennin mair nor you, includin you;
an a space in the Perspex screen tae slip ma haun thru
an sense luve burstin caller frae a cauld beige fuit.

Russell Christie
Umbilical

It wis a daurk green Ford o '68
whitiver model o caurs wis then
that pu'd awaa in the green o nicht
ayont the gairden waa.

Ma brither an me
wis watchin frae the entry
as oor mither disappeired.

Hou the lines o it wis like wawes,
hou the cave o it retreatit,
hou ma veesion stappit ahin
an A faulded up like a cairdbuird packet.

Sae muckle o it athort the sea
fur sae lang. Fower an five.
Whit boats are thay.

Ambrose Musiyiwa
jurneyin

we cuist
aa the things that wis hivy
ower the side

thay sank
we steyed afloat
an we leeved

thay turned
intae craiturs o the mar
an bided ablo the surface

whan we wan tae dry laund
thay turned
intae craiturs o sheddae

that follaed us aa ower

Rose Scooler
Guidbye tae Theresienstadt
oreeginal owersettin by Sibyl Ruth

Weel, fortune hus duin its bit tae cast us oot.
It chaps oan the front door wi an offeecial haund.
This isnae the first time. Yaince again we're bein muived oan
taewards fresh wuids. New pasturs. Unkent laund.

Weird got us evictit frae oor umwhile hames.
It cloured us wi its nieves, buited us aboot.
Aamaist we'd begoud tae feel oor ludgin here wis sauf.
Noo the wey aheid's unclear, we fin oorsels on a gate

o twists an turns. We ken naethin o whit's ootside;
whaur oor faimilies are, gin oor luved yins hae been spared.
We hae become brickle. The verra thocht o bein tellt
oor futur gars us chitter. We are that afeared.

Alan Baker
The Election Candidates Sweir tae be Teuch oan the Causes o Disorder

Caur doors sneckit, faithers leave fur thir orderly office,
Mithers leave fur schuil wi thir disorderly bairns

Speugs seek a bield in the orderly sunlicht,
Fecht fur scraps in the disorderly breeze.

At the airport, a man is deteend oan suspicion o futur disorder
By officers whae ashuir him that Britain is an orderly place

Altho the man is feart o uniforms & order & polis
& sodgers drunk & disorderly

& is feart o the lockfest room whaur he'll await a coort order
Which may retour him tae his kintrae's civil disorder

In a van doon a road that kythes o order,
Wi caurs bound fur the office, an mithers & disorderly weans.

Mark Rawlins
This

This is the bangstrie, this is the fear.
This is the misery fur thaim as leeve here.
This is the hatret, this is the war.
Naethin is saucrit, no ony mair.
This is the anger, this is the pyne.
This is the hunger, but this is nae gemm.
This is the pizen an this the disease.
Ther can be nae resistance frae doon oan yir knees.
This is the rotten, an thaim are the stervin.
The fowk left oot whan it comes tae the carfin.
Thaim are the bairns fechtin fur rice.
This is globalisation, an this is the price.
This is humanity at its ill-faurt warst.
This is insanity, an thay are the curse't.
This is the murther an this is the rape.
This is the fervour thay try tae escape.
This is the boat an this is the lorry.
'This is oor quota, we're awfy sorry.'
This is yir greit ploy tae pertect yir ain laund.
This is the wee boy washt up oan the saund.
Thaim are the bouks that are left there tae rot.
Whaiver yir God is, he isnae aboot.
This is yir pooer an this is yir glory.
This is the hour, the en o the story.

Anne Holloway
Again the Nicht

Crete, late simmer. We tak a pedalo tae gaither rock saut affhore.
Sixteen in aa, onbuird an soumin alangside. We stert takin in watter,
sittin laich in the waves. Weans lowp aff, tae let up the wecht. A bairn
greets, parents kick haurd tae get us tae the strand. We dinnae speak.
Ma son sclims like a monkey, ma dochter vizzies ma face. Hou can A
haud thaim oot o the watter as weel as the boy whase mum steyed ahin?
We get hame. We hae hames. Naebody droons. But A feel seek.

An again the nicht.

Kathleen Bell
Waitin

Whan mornin came, she kent that the fowk ootside werena ghaists. Caitious, she stuid, walked tae the windae, an leukt. Ther wis mair nor she thocht. Thir seelence hud begowkit her. Thay wis carefu an aa. Growen-up haunds steered infants awaa frae hir flooer-beds. Neist year's vegetable hairst wis sauf. A man leukit up an the bunnle close tae his chest stirred. Hou unwiselike tae bring a baby here. The man's glence catcht hers, an aneath his patience she perceived a dreidfu urgency. Thay werenae ghaists – no yit. She drew the curtain, retoured tae hir chair, an waitit.

Joanne Limburg
That Monie Set Oot

Yin wis miscairied
an twae born ower suin,
three clockit at dawn but got etten by noon.

Fower wis deprived
an five disaffectit,
sax wis mistaken but niver correctit.

Seeven wis stranded
an echt mair wis drooned,
nine wis stampt 'bogus' an sent tae the pound.

Ten lacked direction,
eleiven finesse,
twal met the judges but failed tae impress.

Twinty wis shelved
an thirty rejectit,
feefty lost face an wis suin deselectit.

A hunner wis stories
wi nae proper endin,
thoosands unduin, an a million pendin.

Neil Fulwood
Ebb

An the sea sall gie up
the last o its deid

afore the media gies up
its corruption o wuirds:

immigraunt fur *refugee*,
crisis fur *tragedy*.

Stephanie Farrell & Shell Rose
Ditch

A shuid
focus. Middle lane crowlers,
nae chance tae brake. Slam
oan the anchors; fuck's sake.
HGVs overtakin oan a hill.
Blues an twaes in the mirrors,
dinnae bowk. Thud, bang, skrech,

"cash," plichtit the local link. Bailiff sortit. Aiblains a cheap holiday
...

"Appen the windae. Wauken up."
Thud in the wind, the groanin road,
the chauntin choir, risin decibels,
fumes; are thay hearin this?
Up gans the radio. Cannae ignore
the caa an response. Skrech,

acid in mooth. Upcomin layby. Lat thaim out. Streetch thir legs...

"So ilka fucker fur miles sees?"
Skrechin back an furth. Panic blurs
front an back; animatit haunds,
kids cheerin oan a playgrun
fecht. Chorus. Fine. No fine.
CHECK. Sairious this time.

"Gin thay're deid, dae whit wi the cairgo?"

Souk in a braith. Drive. Sometime
we hae tae arrive. Wind? Imaigination?
Deliberations bile an fade. No a prayer,

58

chappin or plea; cannae beir tae say it.
Thay hear me tho. Somethin's wrang.
Thay're shuttin up. Thay're catchin on.

Richt indicate, pu over. Neutral, haundbrake. Engine aff.

Distance rowes frae cab tae back. Warstle padlock,
rousty key, double yetts, hivy. Walcomed
by twae deid een, upturnt face. Squashed,
gane bad. Mass graff loose in the back.
"Check fur survivors!" beseeks the local link.
Lock een, thrapple torn, gas station saundwich,

no a rattle o braith. Weemen an bairns buirit in deid men.

"You dumpster dive. Fuck this."
The link lingers, lowps fuit tae fuit;
legs, jeely-like, rax efter him, grab haud o
his sark, hale him efter the ithers.
Twitch, double think. Gan alang, juist

ditch.

Harry Paterson
Doon By the Seaside

Gin thay're black send thaim back,
Gin thay're broon let thaim droon,
Gin thay're white then thay're aaricht—
 'British values' shinin bricht.
Yin deid bairn upoan a beach
Noo foriver oot o reach
O castles biggit oan the saund,
O a wairm an welcome laund.
Lorries reive thir last braith
Swappin deegnity fur daith,
Fortress Europe keeps thaim oot
While politicians skrech an hoot
O migrant hordes swairmin here—
Feed the hatrit, feed the fear
O tynin aathing ye hae got—
Sae stuff the daurkies, fuck the lot.
Ye need yir telly an yir 'phone
Sae why dae you no juist caa hame
Tae whaur humanity yaince did dwall
Insteid o leevin in this hell
Whaur ye'd deny a bairn his life,
A son, a faither, mither, wife?
Eton toffs staun cauldly by
While fowk are queuein up tae die—
Terror, daith, thir stock in trade...
Whit braw saundcastles we hae made.

Kathleen Bell
This poem husnae been forbidden

Yestreen

ye slippit awaa frae the poem

A wantit tae scrieve

A wanted tae scrieve

o the space that ye left

but yir sheddae got up

an happit itsel in nicht, an follaed ye

as sheddaes hae the habit o daein*

---

* Ther wis a notice oan the waa which said

IT IS FORBIDDEN TAE SCRIEVE POEMS
ABOOT THE POOR, THE HUNGRY, OR THE HAMELESS.
ABUIN AA, IT IS FORBIDDEN
TAE SCRIEVE POEMS ABOOT MIGRAUNTS
WHAE MAY HAE ESCAPED
WAR, HUNGER, TORTUR, FEAR, etcetera,
OR WHAE MAY SIMPLY SEEK A BETTER LIFE
(WHICH IS NO ALLOOED).
IT IS FORBIDDEN TAE SCRIEVE POEMS ABOOT MIGRAUNTS
ACAUSE IT IS NO FAIR TAE UISE THIR LIVES THIS WEY.

Then cam, in smaaer type

PLEASE TAE UNNERSTAUN, THE GOVERNMENT
HUS NAETHIN TAE DAE WI THIS.
THE GOVERNMENT DEFENDS FREE SPEECH
EXCEP IN CERTAIN CIRCUMSTANCES O WHICH, FUR GUID REASON, IT IS FORBIDDEN TAE SPEAK.
THIS IS PURELY IN THE INTEREST
O THE SUBJECTS O YIR POEM
WHAE PREFER NO TAE BE EXPLOITIT
AND O YIR READERS, MAIST O WHAM PREFER
NO TAE BE THREAPIT AT, LECTURED OR HECTORED,
ANWHAE MAIST CERTAINLY PREFER
NIVER TAE BE TRIBBLT.

Ian Seed
Recaa

Tony Blair hus been recaaed tae Parliament tae repone tae quaistens aboot whaur his government went wrang wi its international policies. He hus dyed his hair licht broon an growen it aa the wey tae his shuiders. Insteid o a tie, he is weirin a collarless sark. Nae mair o the shilpit leuk. He is aamaist his auld hippy sel. Ilka time he is speirt an ackwart quaisten, he hirtches, smiles blately an admeets he 'didnae get aathing richt'. His frien, Alastair, hus growen his hair lang again an aa. He sits nearhaund, heid doon like a muidie teenager. Aff an oan, he exchynges a wink wi Tony.

Lydia Towsey
Quotas

Gin it is tae be fower thoosan o the maist deservin,
fower thoosan o the maist deservin
o the fower million currently displace't;
a thoosan in a million
o the fower million currently campin
in Jordan an in Lebanon –
sae, yin in a thoosand;
yin in a thoosand
o the fower million Syrians –
tho no the Afghans or Iraqis
an no the Africans, nane o thaim.
Gin it's tae be thaim an anely thaim,
thay maist deservin o aa the deservin
fillin up the camps – tho no the yins
droonin in the sea or smuirin in the trucks;
no the yins crusht oan the railweys;
no thay babies cairied thru the nicht
or hauden at the stations, dehydratit, neir tae daith.
Gin juist thay few – hou sall we pick?
Will it be this wumman that hus tint hir hame?
Or this man that hus tint his legs?
This bairn orphaned an frichtent?
Or this elder yin, sichtless an bent?
Gin we are tae chuise
an mak o oor fences
a new an stieve pearly yett,
whae sall staund watch
at oor new beginnin?
Whae will be Peter
mannin a cannon?
Whae will record
the yins no taen?

The bairns washt up
oan the strands
wi flotsam.
Whae will record thaim
as undeservin?
Whae will sauf us
whan history
minds o us?

Tania Hershman
The Observer Paradox

It taks ye a maument tae realeese
that the chiel wi twae boxes o knives
turned awaa by the wait staff
cam tae niffer

no bide. Ye watch him
pause oan the thrashel,
ye miss his deceesion: left or richt
as ye wunner gin this place

is his hunnerth the day,
or the first, or the fifth. He
prickit the skin o this cafe
sae lichtly; likely unseen

by the couples, the chatterin
faimilies. Will he appeir
in the drawin made
by the bairn ower there

wi hir faither? Whan he gets hame,
boxes aa hale, will the fact that ye
seen him mak ony difference
avaa? Whit's a poem tae a chiel

wi a room fu o boxes
an boxes o unsauld
an unwantit knives?

Maria Taylor
The Year We Dinnae Talk Aboot

Radio seelence. Ye dial a dreamed-up nummer
in a phone box, twae thoosan mile frae here
at the normal time. Eleni isnae there noo,

she liftit yir sleepin niece frae the cot,
teuk haud o the wee boy's haun an ran,
the keys in hir pocket forgot whit thay wis fur.

The washin steyed oot fur thirty year.
Yir eldest sister made it back frae camp
but wuidnae be big sister onymair.

A receiver faa'n frae a hook. A siren's tone.
The thud o a parachutist's buit.
The alternatif soondtrack fur seeventy-fower.

Jasmine Heydari
The First Time...

mither decoratit the windaes o oor rooms wi
duck tape in the shape o the letter X

wis the day o ma fifth birthday.

The first time A hird the soon o sirens wis a Tuesday,
  an we hud juist learned the letter W.

Our teacher, a wumman wi a face roond as dough, said:

Let's play a gemm; noo then, hou monie wuirds wi W can ye
  scribble unnerneath yir desks?

The first time a buzzin soond filled oor hoose

A wisnae awauk.

In hir nichtgoon mither cairied me tae the thrashel whaur
  the staunders wis stiever than the crackt waas

an as the windaes performed thir daunce an waas
  crummled, A dreamt o a warld whaur *war* wis juist a
  wuird scribblt unnerneath wuiden desks an wisht
  fur anither first time.

Sally Flint
We Arrive By Truck

She uises the plaid like a flag,
an cannae mind hou lang
thay've been waitin at the station,

proppt aginst the battert lilac
that flooers abuin appen cundies.
She's been tellt in anither pairt

o the warld, fowk dinnae even say
grace afore a meal. Thay eat soup
an meat at yin sittin.

Yon's no kohl aroond hir een;
it's daurk tracks o sleeplessness.
Nichts spent aneath the braken tin ruif.

She kens she shuid gie hir wean watter,
but the orphant bairns that drank
frae the river aa disappeired.

The monsoon tashed the ae photie
o hir son whan he wis able tae smile.
She cairied him frae the ither side o the muntain.

Emer Davis
The Kiss

Nem tag pinned tae hir winter cowt,
the kiss still wairm oan hir flushed cheek,
on a het September mornin
she watched hir mither walk awaa.

Aa day thay passed a conteenous stream
on the suburban platform,
teachers in airmbands,
loodspeakers replacin
the hurrit mumle
o hir mither's vyce.

Blinds pu'd doon,
het an sweity in the dim blue lichts,
hir een flickerin intae the blackness,
shuntin frae yin station tae anither
deep in a furrin laundscape.

Thay stuid in the clachan haa
surroonded by a gleg crood
waitin fur the auction tae begin.
Hir stomak rumblin
wi ilka bairn slippin awaa
intae daurkness.

Doors appened an closed
until aa were hoosed,
she stuid in an ootlander's kitchen
an held oan tae hir bag,
surrenderin tae strange vyces an faces.

Rereadin thaim early letters,

a hurrat scrawl
wi nae news o hame,
cradlin hir doll in hir airms,
she minded the wairmth
o yon last kiss.

She wannered frae hir mither's memory
forhouied by war an hir faimily.
Her mither's kiss dwinin awaa.

She staunds alane
on the site o hir auld hame,
grummel, a pickle bricks, a saucepan,
an auld cushin bidin unnerneath.

She staunds alane wi nae trace
o whit she left ahin oan yon day
whan she haudit hir mither's haund.

Nasrin Parvaz
The Invader

Hir bonny wee face framed wi black hair
leams like a gemstane oan the saund
hir fear-glazed een are appen
hir pairtit lips deid blue.

The skirie blue watters o the Mediterranean
wash this wee invader.

Marilyn Ricci
Tracin

The lines are squiggly aroond Donegal
sae ma pencil gans slow as A follae the coast
past Dunkineely, St John's Point an oan tae Killybegs.

Philip O'Riley wanners roon, peerin intae inkwells,
hauf-listenin tae ithers bricht an beautifu in the haa,
leavin us Catholics alane.

The cliffs o Slieve League are nae easier, a tiny tear,
the point peesters, taks foriver tae rax past
Belfast an doon tae the Muntains o Mourne,

then tae Dublin an finally Dun Laoghaire.
Philip comes close, leans ower: *Teacher's Pet*;
while frae the haa A hear aa things are wise an wunnerfu,

which somehou minds me o Seturday nicht wi uncle Mick
an aunty Mary makin a haily show, bawlin oot the sangs
in the Emerald Club, tho thay wuidnae gan back, no noo.

Diane Pinnock
The Deil an the Deep

Pit yir dochter oan the
daurk, daurk watter, mither.
Hir feet are sair frae rinnin.

Ilka paith's a daunger, mither.

So pit hir oan the cauld, the deep, the daurk,
daurk watter.
It's juist anither paith.

Helen Buckingham
Haiku

survivors pu thir wecht in aiples

Sally Flint
The Big Hoose

This is the hoose we want tae leeve in,
wi multiple windaes an shutters.
A veranda tae absorb sunsets,
gairdens that tummle tae a gowden strand.

This is the hoose we want tae share,
wi bricht stucco waas;
a doorbell that keeps dingin Clair de la Lune,
flurries o clematis aroond the front entry.

This is the hoose we want tae hae
wi rooms that big we can rin athort thaim,
or aroond pianos, or fower-poster beds.
Spaucious baths ye can stap intae.

A hoose wi pools an terraces,
fur evenins, whan friens forgaither
tae barbecues o free-range steak,
discuss vintage wine hained in cellars.

This endless hoose, wi lafts an neuks
fur speeders tae settle, niver tae feel feart
o bein trodden on, or entrappt in jaurs.
Multi-colourt cairpets frae flair tae waa.

A place whaur sun fins oor faces,
and neibours share fruit frae trees, wi smiles.
This is the hoose we wish fur, wi nae need
fur fences. Hame tae which we aa hae a key.

Carmina Masoliver
Sinkin Ship

We feenally win tae the coast,
an smiles begin tae form,
but thay boomerang back
as we're turned awaa again,
again, again, until the ship
cannae tak the wecht
the howp in oor haunds,
the rope aroond oor herts
streetchin athort watters,
the anchors in oor stomaks
waitin fur some sweet easedom
that will niver appeir.

Whaur dae thay come frae?
Thir smiles faa like bananas
frae trees, places ye gan tae freely
– the mairches are closed
here, whaur we pride ourselves
on free speech. Again, again,
again, we walcome refugees, but
this laund is crummlin unner
the wecht o fause promises,
overcrooded jyles an A want
tae rax oot ma haund tae stop thaim
sinkin, but, follaein commaunds, A cannae.

John Ling
Sauf

Here,
in this place, ma place,
a green place, a quate place,
ye will hear bairns' vyces,
cantie vyces, aa at play,
girls dress up, boys play war,
cantie wars, like film sterns.
Thay are free tae stravaig, mithers
dinnae fret ower thaim.
Faithers wark, granddads tak tent o thaim,
collect thaim frae schuil, sit
on doorstaps, caumly smokin.
Trees swee in the breeze.
Autumn gars thaim glowe reid,
yellae, broon, some stey green.
Blackies sing oan spring nichts.
Cats rowe in the stour, dugs
are walkit, chickens squaik.
We eat, drink, sleep, mak luve,
jog, douk, tak holidays.
Some o us growe fruit an veg.
Naebody tells us whit tae dae,
yollers, keeps ill-kindit een on us.
Our hooses hae stuid fur years.
Oor history is aa aroon.
Our futur maistly feels siccar.
Here we will bide, or no.
We are free tae come an gan.
We think we are naethin speicial,
ordinar human beins,
frae here, there, an aawhaur.
Juist like you. Juist like you.
Some o ye, frae ither kintraes
leuk at us. Like whit ye see?

Ammar Bin Hatim
Me an War

We are gey seemilar, Norman
maugre the fact ye are a virtual chairacter
but A uised tae see masel in you
A uised tae read aa ma pyne whan ye wis greetin
an the war wis kythin its ugsome breists like a disfigurt hure.
We are gey seemilar ma frien
we baith pit a reid novel an a grenade in oor khaki bag,
we baith cannae leuk at deid cats an we are askt tae Fecht!!
Hiv ye hird, Norman?
The claiter o ribs unner yon crazy tank!!
It disnae soond like Emma's vyce whan singin …
It disnae soond like the rhythm ye uised tae sing afore ye get infectit
        by the clart o the war or afore ye see the deid body o Emma
        amang piles o smashes ...
Norman,
Maugre the fact ye are a virtual chairacter, ye shared wi me
        thaim horrible nichtmares ...
We shared seein thegither the atrocities in front o us…
hangit bouks o deid weemen an bairns ...
and aa thaim fowk walkin oan thir ain free will tae thir daiths ...
ceeties oan fire, burnin, an bairns lauchin in front o yon terror ...
an hunger, hunger, hunger!!
The hunger that forces lassies tae hure an elderly weemen tae eat the
        burnt deid cuddies!
It's war, ma frien…
It's the wirm that devoors lang years o luve, saufty, an beauty
        in a maument!
Aiblains … A wis readin ma story in you, ma unkent frien!!
Aiblains we are yin person, Norman,
acause we baith hae dreams, sangs (o which hauf are militar)
unner oor militar helmets, an we baith wish we wernae born
        in time o war!

Trevor Wright
Yalla

Sheddaed by fissured rock,
fingers funnellin caller sand,
the pu o the muin carfin
the rhythm A need tae pierce
the daurk, sniff the horizon,
taste futurs. A hunker doon
tae tak saft haund tae haund as
she quately speirs, whae hears?
Whae sees? Will laund titch us?
Nicht faulds in. O coorse, A lauch.
The sterns hearken, the muin sees,
new laund will fin us. Yalla!

Yit anither dawin,
chin tae chest, rib tae rib, ma
last dochter curves in ma laup,
appen tae a lift whase anely ettle
is tae press oor shared
braith tae the depths. A heize
ma trailin luif, cool ma brou,
wrunkelt fingers straik dreams,
residue aa at odds wi the tides.
Daes onybody tune intae the sterns?
Whae cares whit the muin sees?
Will laund rax oot? Yalla. Yalla!

79

Andy Szpuk
Andy Warhol's Soup Tins

Portraits o hunger are hingin
On the faces o bairns
In the toons an cities o Donbas
A laundscap scrawled oan by maraudin gunmen

A mither cuid sketch a bowl o fruit
An wish yon still life intae existence
Gin a picture cuid somehou become suith
Lat it be Andy Warhol's, the yin wi the soup tins

Mary Matusz
Settlers

1
Drappit intae a smaa blue bucket, by wee haunds
lang syne, shells wuisht up oan anither strand,
chuckies, haund-picked specimens, sit seelent

in a grey mornin in the North. Ordinar
seashells perfitly formed, pink an grey stanes
wuishd smuithe, veined broon an white,

quartz an jeet no gaun onywhaur.
Hou thay glent in the caller damp air,
brocht here oan a yin-wey ride.

2
Men an weemen, haled frae thir beds,
shunted athort brickle borders
and set tae sweit,

reap anither's hairst,
unable tae shift, naither East nor West,
haltit in the shuin thay stuid in,

restin noo in a new laund
o breid an oranges, unable tae mooth
a wuird aboot thir hauf-wey hoose

Simon Perril
Poem

The wirkshop wis built halely an solely fur the accommodation o ae inmate an hir attendants, some fifty wirkmen hemmerin fur thir lives oan sheer capper tae complete hir tresses.
Daily News, *London*

In the autumn o 1875
Parisian wirkers sculpt a praisent
fur a sister Republic. Float

capper fingers, taes, eeebrous, neb,
in crates thru the Nairaes
o New York herbour

laund Liberty's limbs
on a concrete foond
laid doon by Italian immigraunts.

Mither o Exiles, tell
a closer, siblin tale;
hou Lady Liberty quit Leicester ceety

juist efter the Millennium
tae perch oan a heich staund
abuin a roonaboot.

Thaim that tak the tribble
fin the gealt torch o Liberty
doubles as a Mr Whippy

in the arctic souch
o the Upperton Road
atop five concrete baunds

an a plaque o Paine
Whan men gie up the preevilege o thinkin,
the last sheddae o liberty quits the 'horizon'.

French wirkmen ascended
thru the heized up richt sole
o Liberty's fuit

tae extend hir reach.
Puir Tom preserve
the sclent o thocht

whan richts faa alienable;
an he, she, thay, we
turn or are turned awaa.

Swan
Human Bein

A type intae Google: "Whit is a human bein?"

A leuk aroond ma hummle surroondins; ther's a walcomin feel. The casewirkers smile, sae daes the receptionist. It's a centre fur bield-seekers an thaim apleein fur aseelum. Here we are referred tae by oor nems, no nummers. Google swairms wi definitions: 'Homo sapiens, distinguisht frae ither animals by superior mense, pooer o articulate speech an upricht stance'. A glence aroon: aabody here fits this description. A leuk fur a postscript, 'But yaince ye seek aseelum ye cease tae be human, tyne aa human richts an are hence subject tae inhumane treatment.' Phew! Naethin.

Thomas Orszag-Land
Whan Hatret Rules

Whan hatret rules the nations
A chuise, wi'oot regret,
tae be a refugee
amang the patriots.

Laila Sumpton
Please leuk efter this beir

In a Budapest pairk the day
the beirs waukened alane
wi nocht but a stray sock an sweetie wrapper
tae mind thaim o thir carers.

Stour, sea saut an saund
crust thir hobbled paws,
airms droop frae walks langer
than thir Chinese steeks
hud reidied thaim fur.

Thir cocoa, pink an honey cowts
are grubbily fadin frae aa
thay hae pillowed an hird,
afore ears wis left oan razor weir
at the Serbian mairch.

Thir saft labels wi faint instructions
wis twisted thru fingers
in lines that streetched tae furiver
and back again, till ther wis naethin left
aboot haund washin at 30 degrees
and niver tummle dryin polyester.

Naethin printit in aa thay warnins
aboot keepin aa beirs
a sauf distance frae Sarin gas,
barrel bombs an shrapnel.

Thir een wis steekit an re-steekit
frae monie a mither's hem
tae stop the smaaer warld collapsin

an noo thay watch cameras
snatchin the pairk at dawn
while the last train heaves.

The beirs gaup oot
thru screens an papers
surroonded by heidlines
skrechin panic or peety
strainin tae see
whaur thir bairns hae gane.

Caroline Rooney
Overture

Tho the rooms A inhabit are different,
The beuk-cluttert Canterbury cottage,
The flat oan Blackstock Road that judders
Wi passin buses till the smaa hours,
Tho the rooms A leeve in are different,

Ther is ayewis the mole-blin nicht wi'oot
Sleep, nae wey oot o the mixter-maxter o time,
While the laich licht pitches up like it's reidy,
Factual as a cleanin leddy that's cam tae thraw
Awaa the slitters an haurdened crusts o yestreen,

Which is the no-reidy pynt o cairyin oan,
The wuird *dim* at its maist diminished, sae slee
That it's then some blate wee wing straiks
Haar in tae lowse flauchtery feelins o howp
Fur brithers an sisters aa ower the globe.

Alangside wirkers in Cairo bus queues,
Abuin beggars liggin in Dakar station,
Tracin leuks taeward the lift frae Jenin kitchens,
Screengin the Med's furrowed brou fur sicht o laund:
The end o the line as pivot o inversions,

Wrang time o day fellaeships, myndins o poems,
Wordsworth's 'Westminster Bridge', Kosztolányi's
'Dawnstruck', august the baton that bides a wee
Tae musik the seelence that we caa resonance, caa
Acause the mortal soondlessness is,

A seemetry o glaur, stane, strawn broon flooers,
Ower which umbrellaes o rose licht rise,
Tenderin aa the same, the wey A luve hou
Yon wuird *surrender* brakes, braks, caves ower
Intae yieldin, acceptin unbraken sea.

Richard Byrt
Ma Neebour

Ma new neebour, Ahmad, seems an OK-kinna chiel.
He volunteers fur Age UK, shaws me photies
o his wife an weans, talks aboot the baund
he plays in, hou he howps tae mak
the big time. Then this mornin

he tells me he's a refugee. an we aa ken
thay're aa illegals. We aa ken
thay come in swairms, jaws, fluids,
swamp oor NHS, tak oor weemen, hooses, jobs.

So hou come Ahmad seems tae be
an OK chiel, whan he's a refugee?

Maria Taylor
Mercat Day

The man in toon whae is still angry wi the bus driver
whae vizzies ilka lemon in the mercat fur bruises
whae hus heard the grun is guid tae saft at Kempton
whae hus a surfeit o bettin slips in his cowt pooch
whae ignores the man playin accordion fur cappers
whae hus traiveled athort Europe wi a Weltmeister
whae watches the rainwatter fluidin in the stank
whae wis taucht hou tae play *sevdalinka*
by his brither, the music o greenin that repeats an repeats.

Chrissie Gittins
Nae Faurer

While A staund nakit in the bamboo hut
A am ma faither. Oor freckles mell,
oor noses reiden, oor hair bleaches tae saund.

He is mairchin in the Arakan, his friens
faa at his feet, thay dee quately—
Jamchapel (Honeychurch), Windy (Breeze), Oscar (Wild).

At seeventy-fower ma faither fechts battles in his pyjamas.
He waukens oan the flair o his room.
A Lancaster bomber pentit oan a china plate

sclimbs the brickle waa.
He is mairchin, the sweit staunds oan his brou,
his neb glisters. His squadron seeps athort

a tea-plantation, yin man is invitit in tae bathe.
Ma faither sits nakit in a tin bath.
A ladle watter ower ma shuiders,

come tae walcome the knife o watter doon ma back.
The screengin brush willnae rid ma feet o clart,
it lines ma taenails like kohl.

Shuid A wash ma hair first or ma bucket o claithes?
The tin o watter is mine, tae dowse ma sannles,
tae dreebble doon ma legs, tae scaud awaa the heat.

Ootside, a sodger rests a gun
athort his nairae shuiders.
He will patrol the camp the nicht.

Efter nine A will gan nae faurer than ma hut
wi its wuiven waas an ruif o faulded leafs.

91

A.C. Clarke
Missin
fur Shahin Memishi

He is keepin alive
his leid, its silky
consonants, its skitie vouels

and the het colour
o his kintrae's airth
its brent-aff lift,

here whaur it is ayewis
gray an green, gray an green,
the shock o bombs

smuirt unner neutrals
an fowk smile
no leukin intae een

fur fear o gaun on fire.
He is feart an aa,
but anely o forgettin

his greenin. Whiles
it is guid tae miss he says,
ettlin the haurd soonds.

Kevin Jackson
Last Rain o the Saison

Ilka tuim chair walcomed
wi yon kinna titch
kept fur a bairnhuid pownie

Pent brushes prappit
in an auld hinnae pot tae flooer again

The key is hivy
Hivy an cauld
She turns thochts
tae the licht dingin at the windae
fur admission or forgieness
and wi a prayer
steidies tae anither day

A snail oan the doorstap
She muives it gently awfy gently awaa

Caroline Rooney
Fowk like tae mak films aboot me

Thay like tae tell ma story.
A wad like tae tell ma ain story.
A wad like tae tell ma story in ma ain wey.
A dinnae ken whit ye mean by 'subaltern'.
A hae niver wantit a rank.
A'm no ablo ithers that hae a human face.
A'm no abuin the whauls or the teegers.
A dinnae ken whit ye mean by 'bare life'.
Ma life is dear tae me.
It is dear tae me whether A leeve it in a leaky tent or in a maisonette
Or in some waitin room.
Whit wey d'ye no speir aboot that day, yon day
A wis laid face doon in a field o marigolds heich abuin the coastal plains,
Or yon nicht, whan the sterns wis thick an close, afore the sodgerin stertit ...
Or why no juist speir aboot the sweetened black tea an gait's cheese?
Or speir aboot the moped A left ahin.
A thank ye fur yir offer tae scrieve a poem aboot me.
A howp you'll excuse the bittie A've sent oan.
As fur me? A'd like tae direct a movie, tae bring ye
The bringin o whaur A am frae.
Ye'll see. It'll no be the same as the wuirds aboot me.

Hubert Moore
Ironin oot
efter an appel fur unwantit men's claithes

Depositit, a heap
o slichtly sile't guidwill
taeward the desperate
frae Sri Lanka, Syria,
Iran, Somalia, the men
deteened. Can claithes
mind o onythin? Can thay be
minded o hou thir former
weirers wore thaim,
chynged oot o thaim, chynged
as thay chuised? Lang past
chuisin, thay yins slumpit
in plastic bags. A'll
try it tho, try ironin
a yaince pricey sark
sae flat ilka sleeve becomes
a blue-print fur an airm
tae swing at ease
an to an fro at leeberty. An
as fur some chiel's rumplt
no-bad troosers A'll
press the legs sae crisply,
creases sherp as blads,
thay'll staund, in perfitly polisht
shuin mebbe, an tak
sic briskly claiterin staps
deteenin baurs or barriers
will rise tae lat thaim thru
an nae wuird said but 'Sir'.

Joan Byrne
In truth A wis feart
Keleti station, Hungary, 2 September 2015

At Keleti station oor een meet stacks o men
deckit oot in black, daurk glasses, heids shaved, airms crosst,
haunds reidied oan waipons, an the enemy is whaur?

Is it we that hae disembarkt, haudin tickets?
No us. But we are nervish as polis – militar-like,
dystopian – steer us, block aff ordinar gates.

Still we cannae locate the enemy till we peer doon
a soop o staps an at thir base a grille
an ahin it in ashy licht penned-in fowk.

Seein appeirs forbidden an in the atmosphere
– you cuid cut it wi a knife – o tampit-doon
veeolence we follae orders, stap awaa an exit.

Ootside, multitudes o croudled fowk, made tae staund
on concrete, thir young fowk demonstratin.
Neist we gan doon tae the unnergrun herbourin

the shut-awaa fowk, tak smaa steps aroon thaim.
The guff is o sweit an fear an nae sign o a toilet.
An yit the bairns play.

Marilyn Ricci
Framed

Mum ayewis covered hir heid
afore leavin the hoose;
an, naiturally, in oor place o wirship.

Cotton, whiles chiffon or printit:
A Present frae Skegness, framed heich
cheek banes, flattened buncy curls.

Her mum wuir a hat, even at tea,
hir grandmither, a lang woollen plaid
gaithered wi a pin aneath hir chin.

The day, a dochter-in-law in the clachan shop,
hijab framin big broon een.

Nasrin Parvaz
Killin

Watchin his son playin
memories fluidit his mind
o the time, whan wi nae job an desperate
he hud jined the Black Watter Airmy.

He clespt his son ticht,
as the een o the young men he hud torturt an killt
flasht athort his mind, threitnin vengeance.

Roy Marshall
Hayride

"A feel like a refugee," ma frien says
as we lean oan the trailer side ahin
the skeeterin tractor.

A say naethin, but imaigine a paralysis
brocht oan by shock, the sheddae o fear
faain athort thay scaitered bales

as oor bairns sit, jittery an weired
tae the scroll o scoorin jets,
while ahin us, aathing burns.

David Belbin
Frae A North Atlantic Isle
~~A braken sonnet, efter Barry Cole~~

Nae … is an isle, but this ..
~~You hae come tae the wrang place~~
dinnae wait fur the tide tae ….
~~Oor fowk are better aff wi'oot ye~~
We dinnae ……….that this …… is o … … makin
~~Fin a place that cares mair~~
We ….. ettle tae wark taeward an ……….. solution
~~Dinnae try tae embarrass us, fur we willnae relent~~
Ther is …. an ther are ….. fur ye tae …. in
~~Gin oor feckless puir donate thir food, that's up tae thaim~~
Unnerstaund that we are a carin ……….
~~Juist dinnae mix up peety wi concern~~
Ye will …. … fur yirsels whan it's time tae gan
~~Gin we quit bombin yir hame, we'll lat ye ken~~

Malka Al-Haddad
Bairns o War

Ilka bairn in ma laund drees the torment o wars.

Ilka bairn in ma laund suckles milk mixt wi dreid.

A ake, ake frae the gun at ma side:
yir gift, Faither, the day afore thay killt ye.

Ye tellt me yir gun wad be ma best frien.
It hus been wi me ilka day an ilka nicht. An still

Ilka bairn in ma laund suffers fluids o wars.

Ilka bairn in ma laund suckles milk mixt wi dreid.

Pam Thompson
Dislocation

Days pass

become
yin lang day
wuirds rin awaa—

muntain sanity saut

sheddaes
soond like trains

Nichts oan trains

become
yin lang nicht
wuirds flee—

passport pushchair richts

Waitin at mairches
like birds
oan shoogly ruists whaur

sheddaes
soond like rain

smell like dule

Liz Byfield
Thru the Lens

a bus stops
the crood breenges forrit
a frantic rush an crush

Zoom in...
    smaa arms clingin
        aroond a man's thrapple
    a brickle auld leddy
        heized up on buird
    a clingin haund-grup
        braken

Lang shot...
    bus disappeirin
    makshift camp re-settlin
    licht an howp dwinin

Zoom oot...
    tuim watter bottles
    assemmled in a circle
    an three blankets
    twae smaa an yin lang
    bent intae a cannie curve
    makin a perfit smiley face

Andy N
Breathin frae a Permanent Hame

Rattlin like dice
marlt in dreid
mair an mair arrive ilka day

Clutchin thir haunds
oan thir herts
pusht thru yir screen

sneakit in oan boats
the report said
dauncin athort the flams

hogtied in diveesions
scoopit up an doon
the panorama

pleadin that we maun
tak tent o thir plicht
clooded in ghaistly shapes

flottin in a cul-de-sac
o braken projections

insteid o juist breathin

breathin.

breathin.

Rod Duncan
but yin kintrae

our hame
is but yin kintrae
truly, the hail airth
is ther fur thaim tae settle
tell us gin ye can, whaur else
sall we gan whan thay hae come?
thay dinnae belang in oor hamelaund
ye shuid blush whan ye say tae us
we maun turn oor veesion up-side doon

we maun turn oor veesion up-side doon
ye shuid blush whan ye say tae us
thay dinnae belang in oor hamelaund
sall we gan whan thay hae come?
tell us gin ye can, whaur else
is ther fur thaim tae settle
truly, the hail airth
is but yin kintrae
oor hame

Daniel O'Donnell-Smith
an the sea did gie up the deid that wis in it
Apocalypse 20:13

preevilege enjey thay as me suffer A aroond greit immeisurably
A as greit me preevilege enjey aroond immeisurably suffer thay
preevilege me thay as aroond A greit enjey suffer immeisurably
aroond greit as suffer preevilege A enjey thay immeisurably me
me immeisurably thay as suffer greit enjey A aroond preevilege
thay suffer me enjey aroond immeisurably greit A preevilege as
aroond me greit suffer immeisurably A enjey thay preevilege as
enjey preevilege suffer thay aroond me immeisurably greit A as
me as greit preevilege thay immeisurably A aroond suffer enjey
as thay aroond me enjey greit suffer A preevilege immeisurably
as A suffer greit preevilege thay aroond me enjey immeisurably
as A enjey immeisurably thay aroond me suffer greit preevilege
as A suffer immeisurably thay aroond me enjey greit preevilege
as A enjey greit preevilege thay aroond me suffer immeisurably

Alison Lock
At the Mairch

A bird flichters
thru air, unhindert
by the razor weir.

A man flees,
but he is trappit
by the fence.

A nicht-moth jouks
in the heidlichts,
then leaves.

A bairn clings—
she trusts,
she believes.

A wirm pushes
thru airth,
dissowlin.

CONTRIBUTORS

Malka Al-Haddad is an Iraqi academic who has lived in Britain since 2012. She is a member of the Union of Iraqi Writers, Director of the Women's Center for Arts and Culture in Iraq, and an activist with Leicester City of Sanctuary.

Alan Baker grew up in Newcastle-upon-Tyne and has lived in Nottingham since 1985, where he runs poetry publisher Leafe Press. His most recent poetry collections are *all this air and matter* (Oystercatcher) and *Whether* (KFS).

David Belbin is best known for his novels and short stories, but has been publishing poems (one or two a decade) since 1975. His most recent publication is a musical memoir, *Don't Mention the Night* (Five Leaves Books).

James Bell was born in Scotland and lives in Brittany where he contributes non-fiction and photography to an English language journal. He has published two collections of poetry: *the just vanished place* (2008) and *fishing for beginners* (2010).

Since her work on this anthology, **Kathleen Bell** has published the lockdown pamphlet *Do You Know How Kind I Am* (Leafe, 2021) and the collection *Disappearances* (Shoestring, 2021) as well as short stories and reviews.

Ammar Bin Hatim was born in Kirkuk, Iraq, in 1978. His first collection of poems, *Ramad Al-Teen*, was published in Cairo in 2013. He is also an artist.

Helen Buckingham's collections include *water on the moon* and *mirrormoon* (Original Plus Press, 2010) and *Armadillo Basket* (Waterloo Press, 2011). She is fortunate to have been born with a roof over her head in London and to continue to live likewise in Wells, Somerset.

Liz Byfield lives in Leicestershire. She began writing poetry recently following a lifetime in education. She enjoys open mic sessions and recently performed at the Radnor Fringe Festival.

Joan Byrne has been published in *Obsessed with Pipework*, *South Bank Poetry*, and webzine *Ink, Sweat & Tears*. A nominee for the 2014 Pushcart Prize, she is one of three Rye Poets who regularly perform in London. www.joanbyrne.co.uk

Richard Byrt has recently published his first pamphlet, *Devil's Bit* (De Montfort Books, 2015). He volunteers with an LGBT oral history project and helps people with mental health problems to tell their stories.

Russell Christie, a Nottingham-based novelist, is a long- time LGBT civil rights activist and speaker. His most recent novel is *The Queer Diary of Mordred Vienna*.

A.C. Clarke's fourth collection, *In The Margin*, is published by Cinnamon Press. Her pamphlet *A Natural Curiosity* was shortlisted for the 2012 Callum Macdonald Memorial Award and she has been longlisted for the National Poetry Competition. She lives in Glasgow.

Merrill Clarke took up writing poetry for his own amusement when he retired from his work as a university lecturer. He attends poetry workshops and open mic events around Leicester.

Emer Davis has recently returned home to Ireland from Abu Dhabi. She has performed her work in both countries and has published the print book of poems *Kill Your Television* as well as two ebooks.

Anne de Gruchy was born in London but has felt at home in the East Midlands since arriving more than thirty years ago. She is a writer, mental health advocate and carer for her father. Her blog is www.annedegruchy.co.uk

Richard Devereux is a member of the Lansdown Poets and Bristol Stanza. His collection *Bill* is based on his grandfather's experiences as a soldier in Greece in WW1. His poems have been widely published in magazines, in anthologies and on-line.

Welsh-born **Rod Duncan** lives in Leicester where he teaches creative writing at De Montfort University. His novel *The Bullet Catcher's Daughter* was shortlisted for the Philip K. Dick Award and the East Midlands Book Award.

Ken Evans is a prize-winning poet who lives in the Peak District.

Stephanie Farrell is primarily a prose writer, but dabbles in poetry and pop culture articles. After studying Creative Writing and English at De Montfort University, she moved to London and is currently completing her first novel.

Kerry Featherstone is Creative Writing Lecturer at Loughborough University. His poems have been widely published and he is also a songwriter.

Sally Flint is a poet, editor, publisher and lecturer in Creative Writing working at the interface of science, health, education, translation, and the arts to raise awareness of social/cultural change, and climate justice. @University of Exeter Green Futures: https://greenfutures.exeter.ac.uk/our-impact/we-are-the-possible/

Neil Fulwood is a published poet and fiction writer, author of *The Films of Sam Peckinpah* and co-editor, with David Sillitoe, of *More Raw Material: work inspired by Alan Sillitoe.*

Chrissie Gittins' poetry collections are *Armature* (Arc) and *I'll Dress One Night As You* (Salt). Her third pamphlet collection is *Professor Heger's Daughter* (Paekakariki Press). She also publishes short fiction and children's poetry. www.chrissiegittins.co.uk

Mark Goodwin is a widely-published poet-sound-artist and community poet, who encourages all kinds of people to experience through poetry and poetics. Born in Oxford in 1969, he was brought up on a farm in Leicestershire. Mark has two growing-up children.

Jan Harris was born in Nottinghamshire. Her poems have recently appeared in *Snakeskin, Envoi, Abridged* and *Poems for a Liminal Age.* Her tanka was displayed at *The Colour of Poetry* exhibition.

A queer writer of odd things, **Tania Hershman** is the author of three short story collections, four books of poetry, and two hybrid books, including her debut novel, *Go On*, a "fictional memoir in collage" (Broken Sleep, 2022). She is editor of FUEL (www.fuelflash,net), an anthology of 75 prizewinning flash fictions raising funds to fight fuel poverty, and has a PhD in Creative Writing inspired by particle physics. www.taniahershman.com

Jasmine Heydari is Iranian by descent but brought up in Sweden. Her poems are inspired by her own experiences of the Iran-Iraq war and the years which followed. She is a freelance writer and translator currently working on her first novel.

Anne Holloway is Professional Development Manager for Mouthy Poets and has just published her first novel. She is a graduate of Nottingham Trent University where she gained an MA in Creative Writing. A member of Nottingham Writers Studio, she believes it is never too late to start writing.

Danielle Hope is a doctor and poet living in London. She founded and edited *Zenos*, worked for Survivors' Poetry, and is advisory editor for *Acumen* literary magazine. Her 2015 collection, *Mrs Uomo's Yearbook*, is published by Rockingham Press. www.daniellehope.org

Louisa Humphreys works in Leicester as a forest school leader/coordinator. She also works for the Leicester museum service and teaches young children language and literacy skills in libraries. She is part of a local women's music programme called Riotous Collective which has trained over 100 women to play musical instruments and form bands in Leicester and Folkestone.

Sally Jack is a writer, editor and poet based in Leicester. She co-created and co-runs Upstairs at the Western, Leicester's first pub theatre and is Media Manager of Off the Fence Theatre Company. Sally regularly reviews for *British Theatre Guide* and is Spoken Word (Midlands) editor with *Sabotage Reviews*.

Kevin Jackson has published online, in journals and anthologies, in the US and Europe. He views poetry writing as activism and is fascinated by its capacity to engender community empowerment. Kevin moved to the East Midlands in 2013 and has recently discovered the pleasures of a campervan. He blogs at: kevnjacksn.wordpress.com

Martin Johns lives in Northamptonshire and has been widely published, including two pamphlets by Palewell Press.

Penny Jones is a writer from Leicester with a special interest in flash fiction. She came second in the University of Leicester's short story competition and her first short story will be published in 2016 by Fox Spirit Books. She attends the monthly meet up of Leicester Writes and was involved in the first Leicester Writes festival for new writers.

Ziba Karbassi was born in Tabriz, Iran. She left her country with her mother in the late 1980s and has mostly since lived in London. She has published ten books of poetry in Persian, and two in English and Italian. She was chairperson of the Iranian Writers Association (in exile) from 2002 to 2004, editor of *Asar* and an editor for *Exiled Ink*. She was chair of Exiled Writers Ink in the UK from 2012 to 2014.

Joanne Limburg has published two collections with Bloodaxe Books, as well as a memoir, a book of poems for children, and a pamphlet, *The Oxygen Man* (Five Leaves,

2012). Her most recent book is the novel, *A Want of Kindness*. She lives in Cambridge with her husband and son.

John Ling has been a children's librarian, a teacher of the deaf and in the Kirklees Autism Outreach Service. He is a Quaker and community mediator. His books include *Social Stories for Kids in Conflict* (Speechmark) and the poetry collection *Alice the Healer* (Authorhouse). He divides his time between mediation and conflict resolution, working for the Alternatives to Violence Project.

Alison Lock's poetry and short stories have appeared in many anthologies and journals. She is the author of a short story collection, two poetry collections, and a forthcoming fantasy novella. She has an MA in Literature Studies. She is a tutor for courses of Transformative Life Writing.

Aoife Mannix is the author of four collections of poetry and a novel. She has been poet in residence for the Royal Shakespeare Company and BBC Radio 4's *Saturday Live*. She has performed throughout the UK and toured internationally with the British Council. She has a PhD in creative writing from Goldsmiths, University of London. She currently blogs at livingasanalien.wordpress.com

Roy Marshall lives in Leicestershire. His work in adult education has afforded him the pleasure of meeting people for whom English is not a first language, many of whom are working hard to make a new life in the UK. Roy's poetry collection, *The Sun Bathers* (2013) is published by Shoestring Press.

Carmina Masoliver is a writer, poet and performer and part of the *Burn After Reading* community, and *Kid Glove* collective. She has been published as part of *Nasty Little*

Press' Intro series, has performed at festivals and facilitates workshops. She edits the anthology *Poetry&Paint* and runs the *She Grrrowls* event in London.

Mary Matusz lives in Huddersfield where there is a thriving poetry community. Her parents were Polish refugees who settled in Britain after the Second World War. They were not able to return but Mary has visited Poland many times.

John Mingay lives in Scotland, is a widely published poet and was editor of Raunchland Publications.

Alan Mitchell writes "I was once a junkie./ I am no longer a junkie./ I am a drop out./I have always been a drop out./ I renounce this misanthropic, mono-cultural, militaristic, materialist mindset that passes itself off as normalcy for the masses./ I have an ambition./ It is called *Peace & Plenty for All*."

Hubert Moore published 13 collections of poems and his 'Selected Poems' (Shoestring) came out just before his death in 2024. Hubert's poems were widely published and he won a number of awards, including in the McLellan and Forward Prizes. He was a long-term supporter and writer about refugees, having been a visitor to immigration detainees and, at Freedom From Torture, a writing mentor.

Ambrose Musiyiwa is a poet, journalist and lawyer with a background in the intersection between activism, migration and community action. He coordinates Journeys in Translation, an international, volunteer-driven initiative that is translating poetry anthologies on migration and refugee issues into other languages.

Andy N is a poet, writer and musician from Manchester. His most recent book is *and the end of summer*. His website is: onewriterandhispc.blogspot.co.uk

Daniel O'Donnell-Smith is a PhD student in Creative Writing at Birkbeck College. His chapbook *<c>Odes* is published by Leafe Press.

Thomas Orszag-Lund (b. 1938) is a poet and award-winning journalist. He survived the Holocaust, participated in the 1956 Budapest revolution against Soviet rule as a cub reporter on *The Hungarian Independent*, read philosophy in Acadia University, Canada, and served as a correspondent for the London *Observer* and *The New York Times*. His last book was *Survivors: Hungarian Jewish Poets of the Holocaust* (Smokestack, 2014).

Nasrin Parvaz became a civil rights activist when the Islamic regime took power in 1979. She was arrested in 1982, tortured and spent eight years in prison. She fled to England, where she claimed asylum in 1993. Her books include *One Woman's Struggle in Iran, A Prison Memoir*, and *The Secret Letters from X to A,* (Victorina Press 2018). Her prison memoir has also been published in Spanish and German. Her novel was longlisted on The Bath Novel Award 2023. Some of Nasrin's short stories and poems have been published in various anthologies. Working with poet Hubert Moore, Nasrin has translated poems prohibited in Iran from Farsi into English. They appear in the *Modern Poetry in Translation* series. She studied for a degree in Psychology, gained an MA in International Relations, then trained as a therapist.

Harry Paterson is a freelance music journalist. He has also written *Look Back in Anger: the Miners' Strike in Nottinghamshire* and *Making Plans for Nigel: a beginner's guide to Farage and UKIP* (both Five Leaves).

Simon Perril's most recent poetry publications are *Beneath: a Nekyiad* and *Archilochus on the Moon* (Shearsman 2015 and 2013). As a critic he has written widely on contemporary poetry, editing books on John James and Brian Catling. He is Reader in Contemporary Poetic Practice at De Montfort University, Leicester.

Mariya Pervez is a student.

A latecomer to authorship, **Diane Pinnock** wrote poems and short stories and read her work at spoken word events, or to anyone who will listen. For almost 30 years, she had a day job in criminal justice, and lived in Nottingham with her husband, two daughters, and cat, Bruce, who liked to walk over her keyboard when she wrote. As well as being a loving mother, wife and daughter, Diane was passionate about social justice and the importance of a compassionate, international, perspective on the problems of the world. She died in July 2017. She would be very pleased that her words go on after her.

Sheenagh Pugh is half Welsh, half Irish and lives in Shetland. She has published many collections of poetry with Seren, of which the latest is *Short Days, Long Shadows* (Seren 2014). She has also published two novels and a critical study of fan fiction.

Mark Rawlins is a grumpy old git who writes and performs poetry as an outlet for his anger and frustration. He has performed at poetry slams, open mic nights, and anywhere else where they'll have him all over the North West of England. He is a leading figure in Macclesfield's blossoming poetry and spoken word scene.

Marilyn Ricci lives in Leicestershire. Her work has appeared in anthologies and many magazines including *Magma*, *The Rialto* and *Modern Poetry In Translation*. Her pamphlet *Rebuilding a Number 39* is published by Happenstance Press.

Caroline Rooney is Professor Emeritus of African and Middle Eastern Studies at the University of Kent. Her research engages with the literature of liberation struggles and her latest book is *Creative Radicalism in the Middle East: Culture and the Arab Left After the Uprisings*. Her poetry is published in several anthologies concerned with human rights and she is the co-director of documentary films including *White Flags* and *Breaking the Generations: Palestinian Prisoners and Medical Rights*.

Shell Rose is a freelance writer and is interested in all aspects of creative writing, from the tame to the experimental. She has a BA in Creative Writing and English from De Montfort University, lives in Leicester and writes a weekly blog, *Fibro Forever*.

Sibyl Ruth, a Birmingham-based poet, has translated the poems her German-Jewish great-aunt Rose Scooler wrote in the Theresienstadt Ghetto.

Chrys Salt's work has been performed internationally and been translated into several languages. *The Burning* was selected as one of the 20 Best Scottish Poems 2012. In 2014 her pamphlet *Weaver of Grass* was shortlisted for the Callum Macdonald Memorial Award and she was awarded a Writers Bursary and an MBE for Services to the Arts.

Barbara Saunders' poems appear in anthologies: *Lived and Imagined In/securities through poetry*. Eds. JCD Calderón & Ahmad Qais Munhazim (April 2024); *Ukraine in the work of international poets* (Literary Waves Publishing); *Welcome to Britain* (CivicLeicester), in magazines and online. She is a member of Exiled Writers Ink and lives in south London.

Rose Scooler (1881–1985) composed and memorised her poems in the Theresienstadt Ghetto. After Theresienstadt was liberated at the end of the war she was taken to a Displaced Persons Camp at Deggendorf in Bavaria. Eventually she emigrated to the United States. Her poems were found after her son's death in 2006.

Ian Seed's first full-length collection, *Anonymous Intruder* was published by Shearsman in 2009. Since then, Shearsman have published his collections *Shifting Registers* (2011), *Makers of Empty Dreams* (2014), *Identity Papers* (2016), *New York Hotel* (2018) (selected by Mark Ford as a TLS Book of the Year), *The Underground Cabaret* (2020), and *Night Window* (2024). *Operations of Water* (2020) was published by Knives, Forks & Spoons Press. Seed's translations include *The Dice Cup* (Wakefield 2022), from the French of Max Jacob, *Bitter Grass* (Shearsman, 2020), from the Italian of Gëzim Hajdari, and *The Thief of Talant* (Wakefield, 2016), the first translation into English of Pierre Reverdy's *Le voleur de Talan* (1917).

Lily Silverman is a graduate and child of a Jewish refugee father who survived Buchenwald. In 1935 when Lily's father was 15 his German citizenship was withdrawn by the Nazis. Lily's son had his German citizenship restored in 2015 when he was 15. Lily and her son speak at schools in the UK and Germany about life growing up in a refugee family.

Mahendra Solanki was born in Nairobi of Indian parents and his work draws upon this background. Since the publication of *Shadows of My Making* in 1986, his poems have appeared in magazines and anthologies in Britain and abroad and broadcast by the BBC. He is a Royal Literary Fund Fellow at the University of Warwick and a practising psychotherapist.

Laila Sumpton is a poet and educator working with schools, universities, museums and organisations that support sanctuary seekers. She regularly performs her poetry on human rights themes and co-edited the Human Rights Consortium's anthology *In Protest: 150 poems for human rights* (2012). She co-founded the arts and education organisation Poetry Vs Colonialism.

Swan is the pen-name of a fifty year old Zimbabwean woman and asylum seeker (still waiting for asylum to be granted) who has lived in the UK for almost 16 years. Since she was a child she has written stories which have ended up in her scrap box. The creative writing skills group in Nottingham has helped her gain confidence; she now writes more, and is an avid reader.

George Symonds once fell foul of the financial criteria required for his spouse's UK visa due to being paid less than £18,600 per year. He blogs at: www.guiltynation.wordpress.com

Andy Szpuk is a novelist, short story writer, memoirist and poet based in Nottingham. His debut, *Sliding on the Snow Stone*, is the true story of one Ukrainian man's journey through famine, Soviet terrors, and Nazi occupation in World War Two. Andy is a member of DIY Poets performance poetry collective in Nottingham.

Laura Taylor has been writing and performing poetry since 2010, and will continue to do so whilst injustices are wreaked against the poor and vulnerable. You may find more of her work at: www.writeoutloud.net/profiles/laurataylor

Maria Taylor's poems have been published in a range of magazines including *Ambit*, *Magma* and *The Rialto*. Her first collection *Melanchrini* (Nine Arches Press) was shortlisted for the Michael Murphy Memorial Prize. Her mother's family was exiled from Northern Cyprus in 1974.

Pam Thompson is a poet and university lecturer. Her publications include collections *The Japan Quiz* (Redbeck Press, 2008) and *Show Date and Time* (Smith-Doorstop, 2006). She was a recent winner of the Judge's Prize in the *Magma* Poetry Competition. Pam co-organises Word!, a spoken word open mic night at The Y Theatre in Leicester.

Lydia Towsey is a poet and performer. Her commissions include: *Freedom Showcase*; *Spoken Word All Stars Tour* and *Beyond Words*. She has spoken at the House of Lords, performed at London's 100 Club and presented at Plymouth University's Zombie Symposium. Her full length collection, *The Venus Papers*, is published by Burning Eye Books. www.secretagentartist.wordpress.com

Rory Waterman's debut collection *Tonight the Summer's Over* (Carcanet, 2013) was a PBS Recommendation. He writes for the *TLS*, co-edits *New Walk* and is lecturer in English at Nottingham Trent University. www.rorywaterman.com

Stephen Watts's translations of Ziba Karbassi's work have appeared in journals including *Poetry Review* and *Modern Poetry in Translation*.

Gregory Woods is emeritus professor of gay and lesbian studies at Nottingham Trent University. His most recent full poetry collections from Carcanet are *Quidnunc* (2007) and *An Ordinary Dog* (2011). His new critical book *Homintern: How Gay Culture Liberated the Modern World* will be published by Yale University Press in 2016. www.gregorywoods.co.uk

Trevor Wright works in adult social care and began writing in his fifties. He is a member of Derby City Poets and Hello Hubmarine and recently contributed to Derby Museum's *Taxidermy Tales*. A member of the Nottingham Writers Studio and the DIY Poetry Collective, he participates in local open mic sessions and facilitates writing for wellbeing workshops.

Peter Wyton is a prize-winning page and performance poet. He lives in Gloucester.

NOTE ON THE TRANSLATION

Keepin Oan Askin

Ye ken Ayesha that's frae Syria
A seen hir yesterday
and she's greetin
aboot hir youngest wean
ye've maybe seen the lassie
turned five noo
bonnie and bricht as a button
but thing is she hud hir no lang efter she got here
and the faither isnae the lassie's da
ken whit A mean
just the fellae she hud tae dae it wi
tae get oan the boat
she disnae ken his name
disnae want tae think of him or mind o him
like a knife in hir hert she says when she sees the wee yin
lookin sae bonnie
and she just wants tae forget
just tae love her
but noo the wean's stertid schuil
and thay're talkin aboot thir faimilies
and the wean wants tae ken aboot hir da
askin when he'll come tae thaim
wants him tae come wi cuddles
and stories
and noo she hus they like flashbacks
cannae sleep
and the wean's askin and askin
keepin oan askin

All translations are a journey, and translations of poetry most of all. Translating poems into my native Scots wasn't just an intellectual challenge, but a chance – actually a need – to become immersed in what Scots can do, emotionally and poetically.

It was a reminder of how Scots has its own sound world, with fewer diphthongs and more consonants than English, and its own poetics, prioritising directness over circumlocution.

For readers accustomed to English, Scots creates a sense of 'foreignness', a need to take a second look. This seems appropriate when the subject is refugees (or 'bield-seekers', from Scots 'bield' meaning shelter).

Looking and re-looking, visioning and re-visioning are constants for the reader of Scots.

The Scots I have used in the translations leans on the traditional forms of Lallans, as set out in scots-online.org and the Dictionary of the Scottish Language, e.g. 'mairch' for English 'border', 'lift' for 'sky', and 'bouk' for body.

There is also some input from urban Scots, and from my own region of south-west Scotland, including 'yin' for English 'one', and 'gan' for English 'go'.

On a personal level, the translation journey made me look at my own poems and see how they matched the vision of the poets included in this book.

'Keepin Oan Askin', the poem I open these notes on, is written in a kind of urban Scots, and was an attempt to catch the sympathetic utterance of a worker in a refugee centre, relating to the experience of those whom the press called the 'boat people' and the trauma that could persist from that experience.

The second poem, 'Bield-Seeker' written after tackling the translations, addressed the dangers of crossing the English Channel in an overcrowded dinghy, with the constant possibility of loss and separation.

Bield-Seeker

28, 29, 30... 'Nae mair' says the man
and he hauds up his haun.
A plead wi him – juist me and the wean –
and A gie him the last o ma money.
He shrugs his shouders, pushes us in.

Nae room tae breathe, we're packed in that ticht
but A'm gled - third nicht o tryin –
and the ither times the polis slashed the rubber.
And noo we're awaa. But it's stertin tae blaw,
thir's a gale, the sea's gurly,
the waves higher and higher,
the watter's comin ower the side
and the dinghy's cowpit – Oh God,
save us, save me, save ma wean!

Aabody's bobbin aboot, it's daurk
and A cannae see ocht.
A've got haud o a bit o wuid,
tryin tae keep ma heid up
and the watter's cauld ... that cauld ...

A'm on land, dinnae ken whaur A am.
'Please mister, hiv ye seen ma wean, a wee boy?'
He says, 'We picked up 28 alive includin yirsel
and three deid –
nae weans yit, but thir's anither boat oot lookin
and A hear thay've rescued someone,
nae information on thir age.'
And A'm thinkin, A dinnae care aboot onybody else,
juist, please God let it be ma boy,
let it be ma boy.

I hope that these poems, and the translations I've produced, are true to the vision of the poets contributing to this book, and to that of the bield-seekers themselves.

Donald Adamson,
Tampere, Finland, May 2025

ACKNOWLEDGMENTS

This anthology was prompted by a suggestion from Ambrose Musiyiwa and has come into being thanks to the work of very many people. All the poets, editors and publishing staff have given their work and/or time free of charge.

Some of the poems have been published previously as follows:

'Bield-Seeker' by Donald Adamson was published in the Autumn Voices website, having been runner-up in the 2024 Autumn Voices competition

'Keepin Oan Askin' by Donald Adamson in *Southlight*, 2019

'The Election Candidates Promise to be Tough on the Causes of Disorder' by Alan Baker in *Variations on Painting a Room: Poems 2000-2010* (Skysill Press)

Haiku (p38) by Helen Buckingham in *Sonic Boom #2*

Haiku (p83) by Helen Buckingham in *Sonic Boom #3*

'Missing' by A.C. Clarke in *Breathing Each Other In* (Blinking Eye Press)

'The Kiss' by Emer Davis, *CTIN 95* (Poetry Kit 2010), *To Tear Your Breath Away*

'We Arrive by Truck' and 'The Big House' by Sally Flint in *Pieces of Us* (Worple Press)

'Frontiers' by Chrissie Gittins in *Professor Heger's Daughter* (Paekakariki Press)

'No Further' by Chrissie Gittins in *Armature* (Arc)

'The Observer Paradox' by Tania Hershman by the Charles Causley Trust, having been commended in the 2014 Charles Causley Poetry Competition

'Relativity' by Tania Hershman in *New Boots and Pantisocracies*

'The First Time' by Jasmine Heydari, won the War Poetry for Today competition run by TheatreCloud in 2014

'Exodus' by Danielle Hope in *Mrs Uomo's Yearbook* (Rockingham)

'Snow fall' by Danielle Hope in *Giraffe Under a Grey Sky* (Rockingham) and *Fire*

'Backscatter Song' and 'So Many Set Out' by Joanne Limburg in *Paraphernalia* (Bloodaxe)

'Relative' by Roy Marshall in *Clear Poetry*

'Hayride' by Roy Marshall in *The Rialto*

'The Man who Ran Through The Tunnel' by Ambrose Musiyiwa in *International Policy Digest* and *The Stare's Nest*

'journeying' by Ambrose Musiyiwa in *Three the Hard Way* *#whoisyourneighbour*

'Framed' by Marilyn Ricci in *Penniless Press*

'Tracing' by Marilyn Ricci in *Magma*

128

'The Insurrection of Poetry' by Chrys Salt in *Dancing on a Rock* (Indigo Dreams Publishing)

'A Memorable Journey' by Barbara Saunders on Carol Rumens' blog at *The Guardian – Poem of the Week* (25/8/15)

'from The Riverside Commission' by Mahendra Solanki in *The Lies We Tell* (Shoestring)

'Landing on Lampedusa' by Laila Sumption in *indiefeeds* (audio recording)

'Andy Warhol's Soup Tins' by Andy Szpuk in *DIY Poets* (Nottingham)

'The Year We Don't Talk About' and 'Market Day' by Maria Taylor in *Melanchrini* (Nine Arches Press)

'Ave Maria' by Rory Waterman in *PN Review*

'Life History' by Gregory Woods in *The District Commissioner's Dreams* (Carcanet)

Peste mări și țări: Poezii pentru cine caută adăpost
Volum editat de Kathleen Bell și alții. Coordonarea traducerii și postfața de Monica Manolachi

'Criza de identitate creată de migrația refugiaților din ultimii ani a survenit pe fondul unor nemulțumiri esențiale privind modul de organizare a lumii și intervențiile politice rupte de realitate. Într-un asemenea context, intervențiile literare colective (prin poezie, dar și prin proză ori teatru) își pot dovedi rolul crucial de a face cunoscute prin formule estetice elocvente, succinte și tranșante resorturile psihologice mai puțin vizibile, de a ghida omenirea pe o cale mai dreaptă prin comunicare artistică și de a-i aduce alinare și speranță.' – Monica Manolachi

---

Per terra e per mare. Poesie per chi è in cerca di rifugio
Kathleen Bell e altri (a cura di). Traduzione e postfazione di Pietro Deandrea.

'Pubblicato nel 2020, quando la sperimentazione sui vaccini iniziava a suscitare speranze circa la possibilità di arginare il nuovo coronavirus, il volume Per terra e per mare. Poesie per chi è in cerca di rifugio (2020) rappresenta un antidoto all'amnesia collettiva relativa ai recenti fenomeni migratori verso l'Europa e ci ricorda che la letteratura può contrastare l'effetto tossico o anestetizzante delle narrazioni stereotipate veicolate dai mezzi di comunicazione di massa.' – Valentina Rapetti, nel *Le Simplegadi*, Vol. XIX-No. 21 November 2021

Black Lives Matter: Poems for a New World
Ed. Ambrose Musiyiwa

'With over 100 contributions from writers of diverse ages and backgrounds, the collection is a poignant exploration of an era of renewed protest and newfound solidarities, against the backdrop of the coronavirus pandemic. [...] The revolutionary task of overturning imperialism cannot be achieved, the collection suggests, by appealing to those with power. Black Lives Matter: Poems for a New World *urges its readers to take matters into our own hands if we truly want to build this new world.'* – Ananya Wilson-Bhattacharya, in *The Norwich Radical*

www.ingramcontent.com/pod-product-compliance
Lightning Source LLC
LaVergne TN
LVHW051743080426
835511LV00018B/3204